QIMMATLI QOG‘OZLAR BOZORINI RIVOJLANTIRIS H YO‘LLARI

Xurramova Fotima Bahodir Qizi
Jabbarov Sohib Yodgar O’g’li

© Xurramova Fotima Bahodir Qizi

Qimmatli Qog'Ozlar Bozorini Rivojlantirish Yo'Llari

By: Xurramova Fotima Bahodir Qizi / Jabbarov Sohib Yodgar O'g'li

Edition: August '2026

Publisher:

Taemeer Publications LLC (Michigan, USA / Hyderabad, India)

ISBN 978-93-6908-106-6

9 789369 081066

© **Xurramova Fotima Bahodir Qizi**

Book	:	**Qimmatli Qog'Ozlar Bozorini Rivojlantirish Yo'Llari**
Editor	:	Xurramova Fotima Bahodir Qizi Jabbarov Sohib Yodgar O'g'li
Publisher	:	Taemeer Publications
Year	:	'2026
Pages	:	144
Title Design	:	*Taemeer Web Design*

Distributed globally through IngramSpark
Printed on demand by Ingram Content Group through regional printing facilities depending on order destination.

Mundarija

I. KIRISH

Qimmatli qog‘ozlar bozori zamonaviy bozor iqtisodiyotining ajralmas tarkibiy qismi hisoblanib, u moliyaviy resurslarning samarali taqsimlanishini ta’minlashda muhim o‘rin tutadi. Ushbu bozor orqali vaqtincha bo‘sh pul mablag‘lari iqtisodiyotning turli tarmoqlariga yo‘naltiriladi, natijada investitsion faollik oshadi va iqtisodiy o‘sish sur’atlari jadallashadi. Shu boisdan ham qimmatli qog‘ozlar bozori iqtisodiyotni moliyalashtirishning muhim manbalaridan biri sifatida e’tirof etiladi.

Jahon tajribasi shuni ko‘rsatadiki, rivojlangan mamlakatlarda qimmatli qog‘ozlar bozori yuqori darajada taraqqiy etgan bo‘lib, u milliy iqtisodiyotning barqaror rivojlanishini ta'minlovchi asosiy omillardan biri hisoblanadi. Xususan, fond bozori orqali korxonalar uzoq muddatli moliyaviy resurslarni jalb qilish imkoniyatiga ega bo'ladi, investorlar esa o'z mablag'larini samarali joylashtirish orqali daromad olishadi. Natijada iqtisodiyotda kapital aylanishi tezlashadi va moliyaviy tizimning samaradorligi ortadi.

Hozirgi globallashuv sharoitida qimmatli qog'ozlar bozori nafaqat milliy darajada, balki xalqaro miqyosda ham muhim ahamiyat kasb etmoqda. Kapital harakatining erkinlashuvi, zamonaviy moliyaviy instrumentlarning paydo bo'lishi va raqamli texnologiyalarning rivojlanishi ushbu bozorning yanada kengayishiga xizmat qilmoqda. Ayniqsa, fond birjalari faoliyatining takomillashuvi, elektron savdo tizimlarining joriy etilishi investorlar uchun yangi imkoniyatlar yaratmoqda.

O‘zbekistonda ham so‘nggi yillarda qimmatli qog‘ozlar bozorini rivojlantirishga alohida e’tibor qaratilmoqda. Mamlakatda kapital bozorini modernizatsiya qilish, investorlar huquqlarini himoya qilish, moliyaviy infratuzilmani rivojlantirish hamda yangi moliyaviy instrumentlarni joriy etish bo‘yicha keng ko‘lamli islohotlar amalga oshirilmoqda. Shuningdek, tijorat banklari va boshqa moliyaviy institutlarning qimmatli qog‘ozlar bozoridagi ishtiroki kengayib bormoqda.

Shu bilan birga, mazkur sohada qator muammolar ham mavjud. Jumladan, bozor likvidligining yetarli darajada emasligi, investorlar faolligining pastligi, moliyaviy savodxonlik darajasining yetarli emasligi hamda zamonaviy moliyaviy instrumentlarning cheklanganligi ushbu bozorning to‘liq rivojlanishiga to‘sqinlik qilmoqda. Mazkur muammolarni bartaraf etish va qimmatli qog'ozlar bozorini rivojlantirish bugungi kunning dolzarb vazifalaridan biri hisoblanadi.

Mazkur monografiyaning dolzarbligi aynan yuqoridagi muammolar va ularni hal etish zarurati bilan belgilanadi. Tadqiqotning asosiy maqsadi qimmatli qog'ozlar bozorining nazariy asoslarini o'rganish, O'zbekistondagi hozirgi holatini tahlil qilish hamda uni rivojlantirishning samarali yo'llarini ishlab chiqishdan iborat.

1. Qimmatli qog‘ozlar bozori tushunchasi va uning iqtisodiy mazmuni

1993-yil 2-sentabrda qabul qilingan O‘zbekiston Respublikasining “**Qimmatli qog‘ozlar va fond birjalari to‘g‘risida**”gi Qonunida qimmatli qog‘ozlarga quyidagicha ta’rif berilgan: qimmatli qog‘ozlar — ularni muomalaga chiqargan shaxs bilan egasi o‘rtasidagi mulkiy huquqlarni yoki qarz munosabatlarini ifodalovchi, egasiga dividend yoki foiz ko‘rinishida daromad olish imkonini beruvchi hamda ushbu hujjatlar bilan bog‘liq huquqlarni boshqa shaxslarga o‘tkazish imkonini ta’minlovchi moliyaviy hujjatlardir.

2008-yil 22-iyulda qabul qilingan O‘zbekiston Respublikasining “Qimmatli qog‘ozlar bozori to‘g‘risida”gi Qonuniga muvofiq, qimmatli qog‘ozlar — bu ularni muomalaga chiqargan yuridik shaxs bilan ularning egasi o‘rtasidagi mulkiy huquqlar yoki qarz munosabatlarini tasdiqlovchi hujjatlar bo‘lib, ular egasiga dividend yoki foiz ko‘rinishida daromad olish imkonini beradi hamda ushbu hujjatlardan kelib chiqadigan huquqlarni boshqa shaxslarga o‘tkazish imkoniyatini nazarda tutadi. Shuningdek, qimmatli qog‘ozlarning qiymati O‘zbekiston Respublikasi milliy valyutasida ifodalanadi.

Shu tarzda turli normativ-huquqiy manbalarda, jumladan “Qimmatli qog‘ozlar va fond birjalari to‘g‘risida”gi qonun hamda O‘zbekiston Respublikasining Fuqarolik kodeksida qimmatli qog‘ozlarga berilgan ta’riflar o‘zaro ma’lum darajada farqlanishi kuzatiladi. Ushbu farqlar asosan ularning huquqiy mohiyati va talqin etilish yondashuvlariga bog‘liq hisoblanadi.

2009-yil oktabr oyida O‘zbekistonga tashrif buyurgan Xalqaro valyuta jamg‘armasi ijrochi direktorlar missiyasining bayonotida mamlakat iqtisodiy siyosatiga ijobiy baho berilgan. Unda ta’kidlanishicha, O‘zbekiston hukumati jahon moliyaviy-iqtisodiy inqirozi sharoitida iqtisodiy o‘sishni ta’minlash uchun zarur resurslarni samarali safarbar etgan holda, xalqaro moliya bozorlarida oqilona va puxta o‘ylangan siyosat olib borgan. Bunday yondashuv global iqtisodiy inqirozning salbiy ta’sirlarini yumshatishda muhim omil bo‘lib xizmat qilgan.[1]

Jumladan, 2022-yil 17-yanvardagi PQ–90-son qaror, 2023-yil 2-sentyabrdagi PQ–291-son qaror hamda 2023-yil 29-apreldagi PQ–102-son qarorlar kapital bozorini qo‘llab-quvvatlash, uni yanada rivojlantirish va

[1] Prezident Islom Karimovning 2009 yilning asosiy yakunlari va 2010 yilda O'zbekistonni ijtimoiy-iqtisodiy rivojlantirishning eng muxim ustuvor yo'nalishlariga bog'ishlangan VM ning majlisidagi ma'ruzasi 29.01.2010

iqtisodiyotda davlat ishtirokini qisqartirishga qaratilgan muhim yo'nalishlarni belgilab berdi. Ushbu hujjatlarda nazarda tutilgan vazifalarni samarali amalga oshirish ko'p jihatdan qimmatli qog'ozlar bozorini rivojlantirish mexanizmlarini takomillashtirish bilan bevosita bog'liqdir.

Shu bilan birga, kapital bozorining barcha segmentlari o'rtasida muvozanatli va uzviy rivojlanishni ta'minlash muhim ahamiyatga ega. Xususan, investitsiya dasturlari doirasida loyihalarni moliyalashtirishda qimmatli qog'ozlar emissiyasi ulushini oshirish orqali 2023-yil yakuniga qadar ushbu ko'rsatkichni 5 foizga yetkazish maqsadi belgilangan. Bu esa o'z navbatida ikkilamchi qimmatli qog'ozlar bozorining yanada faollashuviga va rivojlanishiga xizmat qiladi.

Bozor iqtisodiyoti sharoitida moliyaviy resurslarni samarali taqsimlash mexanizmlaridan biri sifatida qimmatli qog‘ozlar bozori alohida ahamiyat kasb etadi. Ushbu bozor orqali vaqtincha bo‘sh pul mablag‘lari iqtisodiyotning real sektoriga yo‘naltiriladi hamda investitsion jarayonlarning uzluksizligi ta’minlanadi. Qimmatli qog‘ozlar bozori iqtisodiy tizimning tarkibiy qismi sifatida nafaqat kapitalni jalb qilish vositasi, balki moliyaviy barqarorlikni ta’minlovchi muhim institut hisoblanadi. Shu bois mazkur bozorning rivojlanishi mamlakat iqtisodiy o‘sishi, investitsion faollik va moliyaviy infratuzilmaning takomillashuvi bilan bevosita bog‘liqdir.

Ilmiy adabiyotlarda qimmatli qog‘ozlar bozorining mohiyati turli yondashuvlar asosida talqin etiladi. Xususan, klassik iqtisodiy nazariyalarda ushbu bozor kapitalni erkin harakatini ta'minlovchi mexanizm sifatida qaralsa, zamonaviy yondashuvlarda u investitsion risklarni taqsimlash, likvidlikni oshirish hamda axborot shaffofligini ta'minlash vositasi sifatida baholanadi.

Bundan tashqari, qimmatli qog'ozlar bozorining rivojlanish darajasi mamlakat moliya tizimining yetuklik darajasini ifodalovchi muhim ko'rsatkichlardan biri hisoblanadi. Shu nuqtai nazardan, mazkur bozorni rivojlantirish masalasi nafaqat amaliy, balki chuqur nazariy asoslashni ham talab etadi.

Jahon tajribasi shuni ko'rsatadiki, iqtisodiyotni modernizatsiya qilish va uni uzoq muddatli strategik rivojlantirish uchun asosiy omillardan biri – bu moliyaviy resurslarni shakllantirish, ularni keng jalb etish hamda samarali taqsimlashdir. Shu nuqtai nazardan, iqtisodiyot tarmoqlarini moliyalashtirishda qimmatli qog‘ozlar bozori, ya’ni fond bozori alohida ahamiyat kasb etadi.

Davlat tomonidan ushbu bozorni samarali tashkil etish, uning institutsional, axborot va moddiy-texnik infratuzilmasini zamon talablariga mos ravishda rivojlantirib borish muhim vazifalardan biridir. Bu orqali moliyaviy resurslarning erkin harakati va iqtisodiyotga faol jalb etilishi ta’minlanadi. Mazkur tizimning markaziy bo‘g‘ini hisoblangan fond birjalari uzoq yillar davomida ushbu funksiyalarni bajarib kelmoqda.

Tarixiy jihatdan qaralganda, birjalar paydo bo‘lishidan avval savdo yarmarkalari va ko‘rgazmalari mavjud bo‘lgan. Vaqt o‘tishi bilan savdo hajmi ortib, yangi savdo mexanizmlariga ehtiyoj yuzaga kelgan. Natijada XV asrga kelib Florensiya, Genuya va Venetsiya kabi shaharlarda faoliyat yuritgan savdo maydonlari asta-sekin tovar birjalari shakliga o‘ta boshlagan.

Feodal tuzumdan kapitalistik munosabatlarga o‘tish davrida esa bozor ishtirokchilari o‘rtasidagi moliyaviy aloqalarni tartibga soluvchi maxsus institutlarga ehtiyoj kuchaydi. Shu tariqa XVI asrda Yevropada, xususan Ispaniya va Gollandiya o‘rtasidagi savdo aloqalarining kengayishi natijasida birjalar shakllandi. Bu birjalar aniq sifat va miqdorga ega bo‘lgan hamda hujjatlar bilan tasdiqlanadigan tovarlar savdosi uchun muntazam faoliyat yurituvchi bozor sifatida xizmat qilgan.

Tarixiy manbalarga ko‘ra, 1531-yilda Antverpen, 1566-yilda London va 1608-yilda Amsterdamda tovar birjalari tashkil etilgan. Keyinchalik ularning rivojlanishi natijasida alohida yo‘nalishga ega bo‘lgan, ya’ni faqat qimmatli qog‘ozlar savdosi bilan shug‘ullanuvchi fond birjalari ajralib chiqa boshladi. Dastlab ular tovar birjalarining tarkibiy qismi sifatida faoliyat yuritgan bo‘lsa, vaqt o‘tishi bilan mustaqil moliyaviy institutlarga aylangan.

Valyuta operatsiyalarining kengayishi va tijorat veksellarining muomalaga kirib kelishi fond birjalari rivojiga kuchli turtki berdi. Investitsiya va jamg‘arma tizimlarining rivojlanishi, yirik investorlarning moliyaviy resurslarni samarali joylashtirishga intilishi ham fond birjalarining ahamiyatini yanada oshirdi. Bundan tashqari, yirik kompaniyalar tomonidan qimmatli qog‘ozlar chiqarilishi va ularning savdosi kengayishi bozor infratuzilmasining tez rivojlanishiga olib keldi.

Uyushgan qimmatli qog‘ozlar bozori rivojida yana bir muhim bosqich – bu 1592-yilda Antverpen birjasida qimmatli qog‘ozlar narxlari ro‘yxatining e’lon qilinishi bilan bog‘liq. Bu amaliyot keyinchalik boshqa birjalarda ham qo‘llanila boshlandi.

XVI–XVII asrlar oxiriga kelib aksiyalar kabi yangi moliyaviy instrumentlar paydo bo‘ldi. Bu jarayon Angliyada Ost-Indiya kompaniyasi va Gollandiyada Vest-Indiya kompaniyasi faoliyati bilan bog‘liq holda rivojlandi. XVIII asr oxiriga kelib esa dunyoning eng yirik fond birjalaridan biri – AQShdagi Nyu-York fond birjasi tashkil etildi va keyingi ikki asr davomida jadal rivojlandi.

1929-yilda yuz bergan iqtisodiy inqiroz fond bozorlari faoliyatiga jiddiy ta’sir ko‘rsatdi va ularni davlat tomonidan tartibga solish zaruratini yuzaga keltirdi. Shundan so‘ng birja ishtirokchilari faoliyatini nazorat qilish mexanizmlari shakllantirildi.

Bugungi kunda uyushgan qimmatli qog‘ozlar bozori va fond birjalari faoliyatiga oid nazariy qarashlar turli iqtisodchi olimlar va mutaxassislar tomonidan turlicha talqin qilinadi. Bu esa mazkur sohaning murakkab va ko‘p qirrali ekanligidan dalolat beradi.

Qimmatli qog‘ozlar oddiy qarz majburiyatlaridan boshlab, bugungi kunda global iqtisodiyotning muhim elementi bo‘lgan murakkab moliyaviy instrumentlar tizimigacha bo‘lgan uzoq evolyutsion yo‘lni bosib o‘tgan. Ularning rivojlanishi iqtisodiy o‘sish, investitsiya jarayonlari va moliya bozorlarining samarali faoliyat yuritishida hal qiluvchi ahamiyat kasb etadi.

“Qimmatli qog‘ozlar” atamasi rus tilidan o‘tgan asrda muomalaga kirib kelgan. U aslida nemis tilidan olingan bo‘lib, nemis tilida unga mos keluvchi atama “Wertrecht” hisoblanadi va uning to‘g‘ridan-to‘g‘ri tarjimasi “qimmatli huquq” degan ma’noni anglatadi. Ingliz tilida esa rus va nemis tillaridan farqli ravishda “qimmatli qog‘ozlar” (securities) atamasi tarkibida “qog‘oz” so‘zi bevosita qo‘llanilmaydi. Bundan tashqari, “aksiya” (share) so‘zi “ulush” deb tarjima qilinadi, ya’ni unda ham “qog‘oz” tushunchasi ishlatilmaydi.[2]

Qimmatli qog‘ozlar iqtisodiyot tizimida o‘zining muhim o‘rni, ahamiyati hamda asosiy funksiyalarini amaliy jihatdan namoyon etgan bo‘lsa-da, ularning iqtisodiy mazmuni yuzasidan ilmiy doiralarda hanuzgacha turli bahs-munozaralar davom etmoqda. Ayrim iqtisodchi olimlar mazkur tushunchani kengroq talqin qilishga harakat qiladilar. Xususan, John Richard Hicks [3] fikriga ko‘ra, zamonaviy pul shakllari an’anaviy uzoq muddatli iste’mol tovari sifatida emas, balki moliyaviy aktiv sifatida, ya’ni qimmatli qog‘ozlarning muayyan turi sifatida qaraladi. Shuningdek, rossiyalik iqtisodchi olimlar tomonidan ilgari surilgan

---

[2] Бутиков И. Қимматли қоғозлар бозори. – Тошкент, 2001. – 14-бет.

[3] Хикс Дж. Р. Стоимость и капитал. – М.: Прогресс, 1988. – 365 с.

qarashlarda qimmatli qog'ozlar fiktiv[4] kapitalning ifodasi sifatida talqin qilinadi[5]. Bunday yondashuvga ko'ra, ular real moddiy qiymatga ega bo'lmagan holda, kapital harakatini aks ettiruvchi moliyaviy vosita sifatida namoyon bo'ladi.

R.Tyulz, E.Bredli, T.Tyulzlar qimmatli qog'ozlar bozori va uning muhim bo'g'ini hisoblangan fond birjasi haqida fikr yuritib, qimmatli qog'ozlarning alohida emissiyalari uchun barqarorbozorni yaratish, shubhasiz fond birjasining muhim vazifalaridan biridir.

---

[4] *Fiktivlik-bu yolg'onlik, mavjud emaslik mazmunini anglatadi.

[5] Рынок ценных бумаг и его финансовые инструменты: Учебное пособие/Под ред. В.С. Торкановского-СПб. АО «Комплект», 1994.-421 с. Ценные бумаги: Учебник/Под ред. В.И. Колесникова, В.С. Торкановского.-2-е изд., перераб. и доп.-М.: Финансы и статистика, 2000.-448 с.: Миркин Я.М. Ценные бумаги и фондовый рынок.-М.: Перспектива, 1995; Рынок ценных бумаг. Учебник./Под ред. В.А. Галанова, А.И. Басова -М.: Финансы и статистика, 2004.-448 с. Izoh: bu olimlar Karl Marks fikriga asoslanadilar. Ularning fikricha qimmatli qog'oz fiktiv kapital sifatida bu ishlab chiqarishda va qo'shimcha qiymatni hosil qilishda ishtirok etmaydigan kapital.

Barqaror bozorda qimmatli qog'ozlar katta hajmda sotiladi va sotib olinadi, chunki joriy bozor narxlaridaunchalik katta tebranishlar bo'lmaydi,[6] - deb ta'kidlaydilar. V.Galanovva A.Basovlarning fikricha, umuman olganda, qimmatli qog'ozlar bozori uning ishtirokchilarining qimmatli qog'ozlarni chiqarish va ularning muomalasi bo'yicha iqtisodiy munosabatlarning majmui sifatida belgilanishi mumkin.[7]

Mahalliy olimlardan K.Tolipov, A.Obidov, S. Razzakovalarning ta'kidlashicha "mamlakatimizda amaldagi qonunchilikka asosan bank faoliyatini amalga oshirish uchun litsenziyaga ega bo'lgan tijorat banklari qimmatli qog'ozlar bozorida investitsiya vositachisi, investitsiya aktivlarini ishonchli boshqaruvchisi va investitsiya maslahatchisi

---

[6] Тьюлз Р., Брэдли Э., Тьюлз Т. Фондовый рынок. – 6-е изд..: Пер. С англ. – М.:Инфра-М, 1997.- С.101

[7] Рынок ценных бумаг: Учебник / Под ред. В.А.Галанова, А.И.Басова. – 2-е изд., перераб. и доп. – М.: Финансы и статистика, 2005. –С.191

sifatida kasbiy faoliyatni amalga oshirishga haqlidirlar. Bunda tijorat banklari tomonidan qimmatli qog'ozlar bozoridagi kasbiy faoliyatni amalga oshirish uchun litsenziya olish talab etilmaydi"[8]. Sh. Shoxa'zamiyning [9] fikricha, "Qimmatli qog'oz – bu, umuman olganda, monetizatsiyalashgan(pul bilan ta'minlangan) real bazisga ekvivalent ("egiz-analog")qiymatga (bahoga) va xossalarga ega bo'lgan, maxsus iqtisodiy informatsion-huquqiy mexanizm bilan ta'minlangan, o'ziga xosbozordagi moliyaviy munosabatlarni belgilovchi, shakllantiruvchi varivojlantiruvchi, moliyaviy resurslarni samarali taqsimlanishi va qaytataqsimlanishini ta'minlovchi, muayyan hollarda ma'lum shakllardadaromad keltiruvchi vosita sifatida har hil turlarda, shakl vamazmunlarda namoyon bo'ladigan ham

---

[8] Толипов К., Обидов А., Раззакова С. Қимматли қоғозлар бозори саволлар важавобларда. – Т.: Консаудитинформ-Нашр 2010.

[9] Sh. Shoxa'zamiy. Qimmatli qog'ozlar. – Toshkent: "Iqtisodiyot-Moliya", 2010. – 5-bet.

investitsion kapital (aktiv,maxsus fond jamg‘armasi boyligi, qimmatli qog‘ozlar portfeli), hamto‘lov vositasi, ham alohida fond bozori tovaridir”.

Fikrimizcha, qimmatli qog‘ozlar zamonaviy bozor iqtisodiyotining ajralmas instituti sifatida nafaqat moliyaviy instrument, balki iqtisodiy munosabatlarni muvofiqlashtiruvchi muhim mexanizm sifatida namoyon bo‘ladi. Qimmatli qog‘ozlarni faqat mulkiy huquqlarni tasdiqlovchi hujjat sifatida talqin qilish ularning iqtisodiy mohiyatini to‘liq ochib bermaydi. Aksincha, ular iqtisodiyotda kapital harakatini ta’minlovchi, jamg‘armalarni investitsiyalarga aylantiruvchi va resurslarni samarali taqsimlashga xizmat qiluvchi kompleks moliyaviy vosita hisoblanadi.

Qimmatli qog‘ozlar o‘z mohiyatiga ko‘ra ikki tomonlama xarakterga ega. Bir tomondan, ular investorlar uchun daromad olish vositasi bo‘lib xizmat qilsa, ikkinchi tomondan, emitentlar uchun qo‘shimcha moliyaviy resurslarni jalb etish imkonini beradi. Shu jihatdan, ular iqtisodiyot subyektlari o‘rtasida moliyaviy vositachilik funksiyasini bajaradi va kapitalning erkin harakatini ta’minlaydi. Natijada, iqtisodiy tizimda investitsiya faolligi oshib, ishlab chiqarish hajmining kengayishiga zamin yaratiladi.

Shuningdek, qimmatli qog‘ozlar bozorining rivojlanganligi mamlakat iqtisodiyotining ochiqligi, investitsion jozibadorligi va moliyaviy barqarorligining muhim ko‘rsatkichi sifatida qaraladi. Ayniqsa, fond bozori orqali uzoq muddatli moliyaviy resurslarning jalb qilinishi real sektorni rivojlantirishda muhim ahamiyat kasb etadi. Shu bois, qimmatli qog‘ozlar iqtisodiyotda nafaqat moliyalashtirish manbai, balki iqtisodiy o'sishni rag'batlantiruvchi omil sifatida ham namoyon bo'ladi.

Qimmatli qog'ozlarning yana bir muhim jihati – bu ularning axborot funksiyasidir. Bozor narxlari orqali ular iqtisodiy subyektlar faoliyati, risk darajasi va kelgusidagi kutilmalar haqida muhim signal vazifasini bajaradi. Bu esa investorlar uchun qaror qabul qilish jarayonini yengillashtiradi hamda bozor shaffofligini ta'minlashga xizmat qiladi.

Umumiy qilib aytganda, qimmatli qog'ozlar – bu nafaqat huquqiy hujjat yoki moliyaviy aktiv, balki iqtisodiyotda kapitalni samarali taqsimlash, investitsiya jarayonlarini jadallashtirish va moliyaviy tizim barqarorligini ta'minlashga xizmat qiluvchi ko'p funksiyali iqtisodiy kategoriyadir. Shu sababli ularning nazariy va amaliy jihatdan chuqur o'rganilishi hamda milliy iqtisodiyot sharoitida samarali qo‘llanilishi dolzarb ilmiy masalalardan biri hisoblanadi.

2. Qimmatli qog‘ozlar turlari va ularning xususiyatlari

Qimmatli qog‘ozlar moliyaviy bozorning muhim tarkibiy qismi bo‘lib, ular orqali iqtisodiyotda vaqtincha bo‘sh pul mablag‘lari samarali yo‘naltiriladi. Ular mulkiy huquqlarni yoki qarz majburiyatlarini tasdiqlovchi hujjatlar sifatida investor va emitent o‘rtasidagi iqtisodiy munosabatlarni ifodalaydi. Zamonaviy iqtisodiyotda qimmatli qog‘ozlar kapitalni jalb qilish, investitsiya jarayonlarini rivojlantirish hamda moliyaviy resurslarni qayta taqsimlashda muhim ahamiyat kasb etadi. Shu bois, ularning turlari va xususiyatlarini o‘rganish muhim ilmiy va amaliy ahamiyatga ega.

Shu asosda, qimmatli qog‘ozlarni o‘quv nuqtai nazaridan tizimli tarzda tushuntirish maqsadida ularning tasnifi 1–3-rasmlarda keltiriladi.[10]

Qimmatli qog'ozlar hisobi odatda maxsus depozitariylar hamda reyestr tizimlari orqali yuritiladi. Orderli qimmatli qog'ozlarning muomalaga o'tishi indossament mexanizmi orqali, ya'ni ularni boshqa shaxsga o'tkazish indossant tomonidan rasmiylashtirilishi asosida amalga oshiriladi. Taqdim etuvchiga tegishli qimmatli qog'ozlar bo'yicha egalik huquqi aniq shaxs bilan bog'lanmaydi, ya'ni ular identifikatsiya qilinmaydi. Emissiyalanuvchi qimmatli qog'ozlar uchun sertifikat berilishi mumkin bo'lib, u "certifico" (lotincha "tasdiqlayman") tushunchasidan kelib chiqqan. Mazkur sertifikatlar mustaqil savdo obyekti sifatida qatnashmaydi.

---

[10] Килячков А.А., Чалдаева Л.А. Рынок ценных бумаг и биржевое дело: Учеб.пособие. 2-еизд., с измен.-М.: Экономистъ, 2005.-687 с.

Ushbu rasmda qimmatli qog‘ozlarning umumiy tasnifi tizimli ravishda ikki asosiy guruhga ajratilgan holda ifodalangan bo‘lib, ular emission qimmatli qog‘ozlar hamda emissiyalanmaydigan qimmatli qog‘ozlardan iboratdir.

1-rasm. Emissiyalanadigan va emissiyalanmaydigan qimmatli qog‘ozlar tarkibi (klass va chiqarilish usuli bo‘yicha guruhlanishi

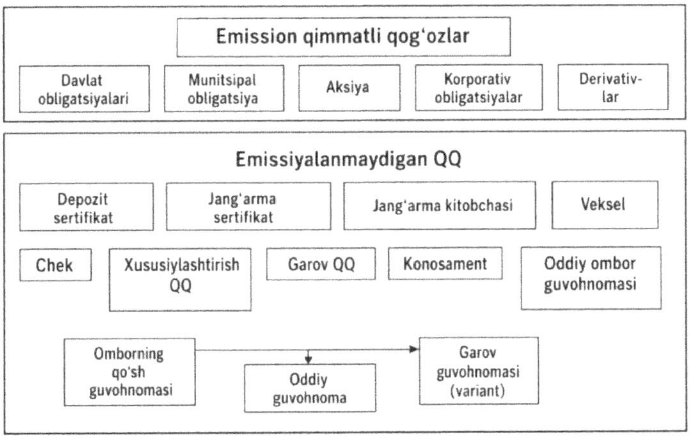

Mazkur tasnif qimmatli qog‘ozlarning iqtisodiy mohiyati, muomalaga chiqarilish tartibi va qo‘llanilish sohalariga qarab farqlanishini ochib beradi.

Birinchi guruh — emission qimmatli qog‘ozlar — odatda ommaviy tarzda chiqariladigan va fond bozorida erkin muomalada bo‘ladigan moliyaviy instrumentlarni o‘z ichiga oladi. Ushbu turga davlat obligatsiyalari, munitsipal obligatsiyalar, aksiyalar, korporativ obligatsiyalar hamda derivativlar kiradi. Davlat obligatsiyalari hukumat tomonidan budjet taqchilligini moliyalashtirish maqsadida chiqarilsa, munitsipal obligatsiyalar mahalliy hokimiyat organlari tomonidan hududiy loyihalarni moliyalashtirish uchun emissiya qilinadi. Aksiyalar esa korxona ustav kapitalida ulushni ifodalab, egasiga dividend olish hamda boshqaruvda ishtirok etish huquqini beradi. Korporativ obligatsiyalar yuridik shaxslar tomonidan jalb etilgan qarz mablag‘larini tasdiqlovchi vosita bo‘lsa, derivativlar asosiy aktivlarga bog‘liq holda qiymati shakllanadigan murakkab moliyaviy instrumentlar hisoblanadi. Umuman olganda, emission qimmatli qog‘ozlar investitsiya faoliyatining asosiy vositasi bo‘lib xizmat qiladi.

Ikkinchi guruh — emissiyalanmaydigan qimmatli qog‘ozlar — esa individual tartibda rasmiylashtiriladigan va ommaviy muomalaga chiqarilmaydigan hujjatlar majmuasidan iborat. Ushbu turga depozit sertifikatlari, jamg‘arma sertifikatlari, jamg‘arma kitobchalari, veksellar, chek, xususiylashtirish qimmatli qog‘ozlari, garov qimmatli qog‘ozlari, konosament hamda ombor guvohnomalari kiradi. Masalan, depozit va jamg‘arma sertifikatlari bankka qo‘yilgan mablag‘ni va undan olinadigan daromadni tasdiqlaydi, veksel esa qarz majburiyatini ifodalovchi hujjat hisoblanadi. Cheklar to‘lov vositasi sifatida xizmat qilsa, konosament yuk tashish jarayonida mulk huquqini tasdiqlovchi hujjat sifatida qo'llaniladi. Ombor guvohnomalari esa tovarlarning saqlanayotganligini tasdiqlaydi va ular oddiy hamda garov guvohnomasi shaklida bo'lishi mumkin.

Shunday qilib, rasmda keltirilgan tasnif qimmatli qog'ozlarning iqtisodiy tizimdagi o'rni va funksiyalarini yaxlit holda tushunishga yordam beradi. Emission qimmatli qog'ozlar asosan investitsiyalarni jalb qilish va kapital bozorini rivojlantirishga xizmat qilsa, emissiyalanmaydigan qimmatli qog'ozlar moliyaviy operatsiyalarni rasmiylashtirish, mulkiy va qarz munosabatlarini huquqiy jihatdan mustahkamlash vazifasini bajaradi.

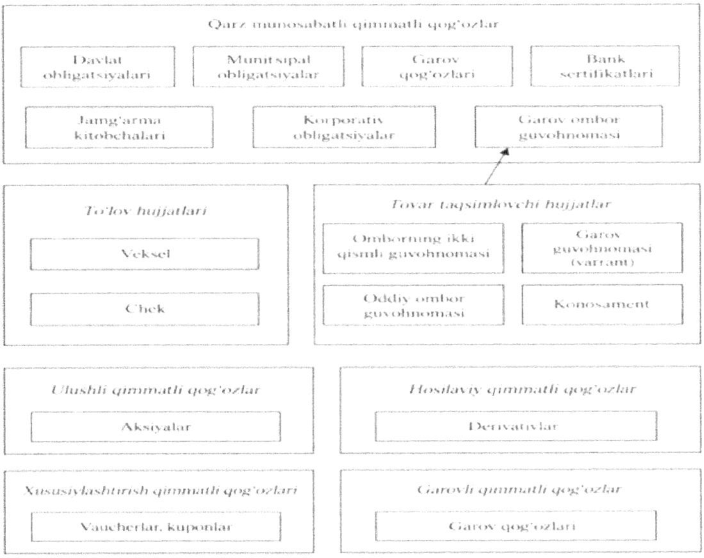

2-rasm. Qimmatli qog'ozlarning funksional belgilariga ko'ra guruhlanishi

Avvalo, rasmda qarz munosabatli qimmatli qog'ozlar alohida ko'rsatilgan. Bu turdagi qog'ozlar (masalan, obligatsiyalar) orqali emitent va investor o'rtasida qarz munosabatlari yuzaga keladi. Bu esa kapitalni jalb qilishning eng muhim vositalaridan biri hisoblanadi. Shu bilan birga, to'lov hujjatlari (veksel, chek) qisqa muddatli hisob-kitob vositasi sifatida iqtisodiy aylanmada muhim rol o'ynaydi.

Rasmda tovar taqsimlovchi hujjatlar ham keltirilgan bo'lib, ular real aktivlar, ya'ni tovarlar bilan bog'liq huquqlarni ifodalaydi. Bu hujjatlar savdo va logistika jarayonlarida muhim ahamiyatga ega. Bundan tashqari, ulushli qimmatli qog'ozlar (aksiyalar) orqali investor korxona mulkida ishtirok etish imkoniyatiga ega bo'ladi.

Hosilaviy qimmatli qog'ozlar (derivativlar) esa yanada murakkab moliyaviy instrumentlar bo'lib, ular risklarni boshqarish va spekulyativ operatsiyalarni amalga oshirishda qo'llaniladi. Xususiylashtirish qimmatli qog'ozlari va garovli qimmatli qog'ozlar esa iqtisodiyotda mulkchilikni o'zgartirish va ta'minot asosida moliyalashtirish jarayonlarini ifodalaydi.

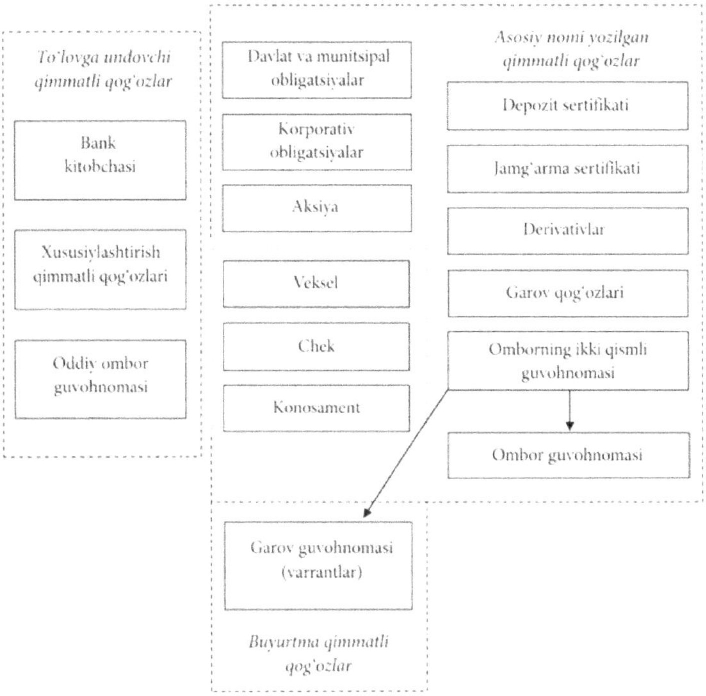

3-rasm.Qimmatli qog'ozlarni funksional belgisi bo'yicha klassifikatsion turlari

Mazkur rasmda qimmatli qog'ozlar ularning huquqiy xususiyatlari va muomaladagi aylanish shakliga ko'ra tizimli ravishda tasniflangan. Diagramma orqali qimmatli qog‘ozlarning uch asosiy turi, ya’ni taqdim etuvchiga tegishli, egasi nomi yozilgan hamda orderli qimmatli qog‘ozlar o‘zaro bog‘liqlikda yoritib berilgan.

Xususan, taqdim etuvchiga tegishli qimmatli qog‘ozlarda mulk huquqi hujjatni egallab turgan shaxsga tegishli bo‘lib, bunda egani identifikatsiya qilish talab etilmaydi. Ushbu turga bank kitobchalari, xususiylashtirish qimmatli qog‘ozlari hamda oddiy ombor guvohnomalari kiritilgan. Bunday qimmatli qog‘ozlar muomalada erkin aylanish xususiyatiga ega bo‘lib, iqtisodiy operatsiyalarni soddalashtiradi.

Egasi nomi yozilgan qimmatli qog‘ozlarda esa huquq aniq bir shaxs nomiga rasmiylashtiriladi. Diagrammada bu turga depozit sertifikatlari, jamg‘arma sertifikatlari, derivativlar va garov qog‘ozlari kiritilgan bo‘lib, ularning muomalasi qat’iy huquqiy tartibga solinadi. Bu esa moliyaviy operatsiyalarda xavfsizlik va shaffoflikni ta'minlashga xizmat qiladi.

Orderli qimmatli qog'ozlar esa o'ziga xos oraliq shakl bo'lib, ular bo'yicha huquqlar indossament orqali boshqa shaxslarga o'tkazilishi mumkin. Rasmda bu turga veksel, chek, konosament hamda garov guvohnomalari (varrantlar) kiritilgan. Ushbu turdagi qimmatli qog'ozlar amaliyotda keng qo'llanilib, savdo va moliyaviy munosabatlarda muhim vosita hisoblanadi.

Shunday qilib, mazkur rasm qimmatli qog'ozlarning huquqiy tabiatini va ularning iqtisodiy muomaladagi o'rnini kompleks tarzda yoritib beradi. Ushbu tasnif qimmatli qog'ozlar bozorini chuqur o'rganish, ularning funksional xususiyatlarini aniqlash hamda amaliyotda to'g'ri qo'llashda muhim nazariy asos bo'lib xizmat qiladi.

AKSIYA

Qimmatli qog'ozlar bozorining eng fundamental va ommabop instrumenti bu — aksiyadir. Aksiyaning iqtisodiy mohiyati shundan iboratki, u korxonaga uzoq muddatli kapital jalb qilish imkonini beradi, investorga esa korxonaning haqiqiy egalaridan biriga aylanish huquqini taqdim etadi.

Aksiya zamonaviy korporativ boshqaruv tizimining asosi bo'lib, u xo'jalik yurituvchi subyektlar uchun uzoq muddatli va qaytarilmas moliyaviy resurslarni jalb qilishning eng samarali vositasi hisoblanadi. Iqtisodiy nuqtayi nazardan, aksiya — bu uning egasiga (aksiyadorga) aksiyadorlik jamiyati ustav kapitalining bir qismiga egalik qilish, jamiyat foydasidan dividendlar olish va boshqaruv jarayonlarida ishtirok etish huquqini beruvchi muddatsiz qimmatli qog'ozdir.

O'zbekiston Respublikasining "Aksiyadorlik jamiyatlari va aksiyadorlarning huquqlarini himoya qilish to‘g‘risida"gi Qonuniga binoan, aksiyalar o‘z egasiga beradigan huquqlar majmuasiga ko‘ra ikki asosiy turga bo‘linadi:

Oddiy aksiyalar (Common Stock): Bu turdagi aksiyalar bozorning asosiy qismini tashkil etadi. Ularning o‘ziga xosligi shundaki, har bir oddiy aksiya egasiga aksiyadorlarning umumiy yig‘ilishida "bir aksiya — bir ovoz" tamoyili asosida ovoz berish huquqini taqdim etadi. Oddiy aksiyalar bo‘yicha dividendlar kafolatlanmagan bo‘lib, ular faqat jamiyatning sof foydasi hisobidan va boshqa majburiy to‘lovlar amalga oshirilgandan so‘ng to‘lanadi. Bu investor uchun ma'lum darajadagi riskni tug‘dirsa-da, korxona muvaffaqiyatli rivojlanganda aksiyaning bozor qiymati oshishi hisobiga yuqori daromad olish imkonini beradi.

Imtiyozli aksiyalar (Preferred Stock): Imtiyozli aksiyalar investitsiya xususiyatiga ko‘ra aksiya va obligatsiya o‘rtasidagi oraliq instrument hisoblanadi. Ularning asosiy afzalligi — dividendlar miqdorining oldindan qat’iy belgilanganligidir (foiz ko‘rinishida yoki mutloq summada). Shuningdek, jamiyat tugatilgan taqdirda, imtiyozli aksiyadorlar o‘z ulushlarini oddiy aksiyadorlardan oldin olish huquqiga ega. Biroq, evaziga bu aksiyalar egasiga jamiyat boshqaruvida ovoz berish huquqini bermaydi (ayrim maxsus holatlar mustasno).

Taqqoslash mezoni	Oddiy aksiya	Imtiyozli aksiya
Dividend to‘lovi	Kafolatlanmagan	Kafolatlangan
Boshqaruvda	Ovoz berish huquqi	Ovoz berish

ishtirok	mavjud	huquqi yo‘q
Daromad manbai	Dividend va aksiya narxining o‘sishi	Asosan barqaror dividendlar
Risk darajasi	Yuqori (foyda bo‘lmasa, dividend berilmaydi)	Pastroq (ustuvor to‘lov huquqi bor)
Asosiy maqsad	Kompaniyani boshqarish va katta foyda	Doimiy va barqaror daromad olish

1-jadval. Oddiy va imtiyozli aksiyalarning qiyosiy tahlili[11]

[11] Muallif ishlanmasi.

✓ **Aksiya blanklarining majburiy rekvizitlari**

1. Aksiyadorlik jamiyatining nomi va manzili.
2. Qimmatli qog'ozning nomi - aksiya.
3. Seriyasi, tartib raqami va chiqarilgan sanasi.
4. Turi (oddiy yoki imtiyozli).
5. Nominal qiymati.
6. Egasining nomi (egasining nomi yoziladigan aksiyalar uchun).
7. Aksiyadorlik jamiyatining aksiyalar chiqarilgan kundagi ustav fondining miqdori.
8. Chiqarilaëtgan aksiyalar soni.
9. Dividendlarni to'lash muddati.
10. Aksiyadorlik jamiyati boshqaruvining raisi va bosh buxgalterining imzolari.
11. Ro'yxatda olish idorasi tomonidan berilgan aksiya kodi va sana.

Yuqoridagi jadvaldan ko'rinib turibdiki, oddiy aksiyalar ko'proq tavakkalchilikni (riskni) yoqtiradigan va kompaniya boshqaruvida faol ishtirok etishni xohlaydigan investorlar uchun mo'ljallangan. Imtiyozli aksiyalar esa o'z mablag'larining xavfsizligini va har yili barqaror daromad olishni afzal ko'radigan (asosan uzoq muddatli va ehtiyotkor) investorlar tanlovidir.

Tadqiqotda aksiyalarni baholash tizimini yoritish muhim ahamiyatga ega. Aksiya bir vaqtning o'zida bir nechta qiymat ko'rinishlariga ega bo'lishi mumkin:

Nominal qiymat: Jamiyatni tashkil etishda ustav kapitalini shakllantirish uchun asos bo'lgan va aksiya blankasida (yoki reestrda) qayd etilgan qiymat.

Emissiyaviy qiymat: Aksiyalar birlamchi bozorda investorlarga taklif qilinadigan narx. Qoidaga ko'ra, bu qiymat nominal qiymatdan past bo'lishi mumkin emas.

Bozor (kurs) qiymati: Fond birjasida talab va taklif natijasida shakllanadigan real narx. Bu qiymat korxonaning moliyaviy ahvoli, kelajakdagi istiqbollari va makroiqtisodiy omillarga bog'liq ravishda doimiy o'zgarib turadi.

Balans (buxgalteriya) qiymati*:* Korxonaning sof aktivlari qiymatini muomaladagi aksiyalar soniga bo'lish orqali aniqlanadi.

Fond birjasida muomala qilish xususiyatiga qarab aksiyalar odatda ikki guruhga ajratiladi: ***ro'yxatga olingan*** va ***ro'yxatga olinmagan aksiyalar***. *Ro'yxatga olingan aksiyalar* birja savdolarida erkin muomalaga chiqarilgan bo'lsa, *ro'yxatga olinmagan* aksiyalar asosan birjadan tashqari bozorlarda aylanadi.

Emitent tomonidan joylashtirish mexanizmiga ko'ra, aksiyalar orasida obuna asosida chiqariladigan aksiyalar ham mavjud. Bunday aksiyalarni sotish jarayonida maxsus vositachi (distribyutor) tashkilotlar tomonidan kafolat beriladi. Ular to'lov shartlariga qarab to'liq bir martalik to'lanadigan yoki ma'lum muddat davomida qismlarga bo'lib to'lanadigan shakllarga bo'linadi.

Muomaladagi ishtirokiga ko'ra aksiyalar erkin muomaladagi aksiyalar va portfel aksiyalariga ajratiladi. Erkin muomaladagi aksiyalar bozor savdolarida doimiy qatnashadi, portfel aksiyalari esa, asosan, ularni chiqargan kompaniyaning o‘zida yoki yirik investorlar qo‘lida saqlanadi.

Shuningdek, bozorda ***“faol aksiyalar”*** tushunchasi ham mavjud bo‘lib, ular yuqori likvidlikka ega va katta hajmda doimiy savdoda bo‘ladi. Bunday aksiyalar ko‘pincha fond indekslarini shakllantirishda asosiy indikator sifatida xizmat qiladi.

Ba’zi aksiyalar emitentga qo‘shimcha huquqlar beradi. Masalan, ***qayta baholanish huquqiga ega aksiyalar*** orqali emitent aksiyadorlardan qo‘shimcha badal talab qilishi mumkin. Bu turdagi aksiyalar, odatda, inflyatsiya yuqori bo‘lgan sharoitlarda chiqariladi.

Kafolatlangan aksiyalar aksiyadorlarga oldindan belgilangan dividend olish imkonini beradi.

Vinkulirlangan aksiyalar esa erkin sotilmaydi, ya’ni ularni boshqa shaxsga o‘tkazish uchun aksiyadorlik jamiyati rahbariyatining roziligi talab etiladi.

Imtiyozli aksiyalar alohida ahamiyatga ega bo‘lib, ularning bir nechta turlari mavjud. Jumladan, chaqirib olinadigan imtiyozli aksiyalar emitentga ularni oldindan ogohlantirish asosida qayta sotib olish huquqini beradi. “Oltin aksiya” esa aksiyadorning ulushi miqdoridan qat’i nazar, unga kompaniya boshqaruvida muhim vakolatlar beradi. Bunday aksiyalar ko‘pincha xususiylashtirish jarayonlarida davlat ishtirokini saqlab qolish maqsadida qo‘llaniladi.

Kumulativ aksiyalar bo‘yicha to‘lanmagan dividendlar keyingi davrlarga o‘tkazilib, jamlab boriladi va moliyaviy imkoniyat paydo bo‘lganda to‘lab beriladi. Tarixda uchragan ko‘p ovozli (plyural) aksiyalar esa ayrim aksiyadorlarga ko‘proq ovoz huquqini berish orqali boshqaruvni markazlashtirishga xizmat qilgan.

Bundan tashqari, ayrim aksiyalar egasiga maxsus huquqlarni beradi. Masalan, ***retrektiv aksiyalar*** egasiga ularni ma'lum shartlar asosida emitentga qaytarish huquqini beradi. Ayirboshlanadigan aksiyalar esa oldindan belgilangan shartlarga ko'ra boshqa turdagi aksiyalarga almashtirilishi mumkin. O'zgaruvchan kursli aksiyalar bo'yicha dividend miqdori foiz stavkalari o'zgarishiga bog'liq holda belgilanadi.

Orderli aksiyalar esa egasiga kelajakda ma'lum miqdordagi oddiy aksiyalarni sotib olish imkonini berib, qimmatli qog'ozlarning likvidligini oshirishga xizmat qiladi.

O'zbekiston qonunchiligida asosan oddiy va imtiyozli, shuningdek, egasining nomi yozilgan va taqdim etuvchiga tegishli aksiyalar turlari aniq belgilangan. Shu bilan birga, yuqorida keltirilgan boshqa aksiyalar turlari amaliyotda qo‘llanilishi mumkin bo‘lib, ularning chiqarilishi, muomalasi va so‘ndirilish shartlari aksiyadorlik jamiyatining ta’sis hujjatlarida mustahkamlab qo‘yiladi.

OBLIGATSIYALAR

Obligatsiya — bu moliyaviy instrument bo‘lib, u orqali investor tomonidan emitentga berilgan qarz munosabatlari rasmiylashtiriladi. Ushbu qimmatli qog‘oz egasiga, unda belgilangan muddat yakunida asosiy summa (nominal qiymat)ni hamda oldindan kelishilgan foiz daromadini olish huquqini beradi.

Aksiyalardan farqli o‘laroq, obligatsiyalar mulkchilik huquqini ifodalamaydi, ya’ni ularning egalari korxona faoliyatini boshqarishda qatnashmaydi va ovoz berish huquqiga ega emas. Shu sababli obligatsiyalar qarz majburiyatini tasdiqlovchi vosita sifatida qaraladi.

Mazkur qimmatli qog'oz orqali investor (kreditor) va emitent (qarzdor) o'rtasida vaqtinchalik moliyaviy resurslardan foydalanish munosabati yuzaga keladi. Obligatsiyalar aniq muddat bilan chiqarilib, belgilangan vaqtda to'liq qoplab berilishi talab etiladi.Emitent tugatilgan taqdirda, obligatsiya egalari odatda boshqa qimmatli qog'oz egalari bilan solishtirganda yuqoriroq darajadagi talab huquqiga ega bo'ladi.

Emitentning turiga qarab obligatsiyalar *davlat, mahalliy* (munitsipal) hamda *korporativ obligatsiyalarga* ajratiladi.

Tarixiy jihatdan **davlat obligatsiyalari** kapitalizmning dastlabki bosqichlaridayoq shakllangan bo'lib, ular davlat krediti tizimining asosiy vositalaridan biri hisoblanadi. Mazkur munosabatlarda davlat qarzdor sifatida ishtirok etadi, aholi, korxona va tashkilotlar esa kreditor rolini bajaradi. Hozirgi kunda davlat obligatsiyalari qimmatli qog‘ozlar bozorida eng keng tarqalgan va faol qo‘llaniladigan instrumentlardan biridir.

Davlat obligatsiyalarini chiqarish, odatda, davlat budjeti taqchilligini moliyalashtirish maqsadida amalga oshiriladi. Ularning emissiyasi hukumat qarori asosida tashkil etilib, muomaladagi operatsiyalar ko‘pincha bank va boshqa kredit muassasalari orqali olib boriladi. Ushbu obligatsiyalar bo‘yicha foiz to‘lovlari davlat byudjetiga tushadigan soliq tushumlari hisobidan qoplanadi.

Davlat obligatsiyalarining muhim jihatlaridan biri – ularning yuqori darajadagi ishonchliligidir. Ular mamlakatning umumiy iqtisodiy salohiyati va davlat mulki bilan kafolatlangan bo‘lib, investorlar uchun nisbatan xavfsiz investitsiya vositasi sifatida baholanadi. Ko‘plab hollarda bunday obligatsiyalar bo'yicha olinadigan daromadlar soliqqa tortilmaydi yoki imtiyozli tartibda soliqqa tortiladi.

O'zbekiston Respublikasida davlat obligatsiyalari ichki qarz instrumentlari sifatida amal qiladi va ularni chiqarish bo'yicha qaror hukumat tomonidan qabul qilinadi. Mustaqillik yillarida davlat obligatsiyalarining bir necha turlari amaliyotga joriy etilgan. Jumladan, 1992-yilda chiqarilgan 12 foizlik ichki yutuqli zayom yuqori inflyatsiya sharoitida kutilgan natijani bermagan. Bu holat o'sha davrda pul muomalasining beqarorligi va ortiqcha emissiya bilan izohlanadi.

Keyinchalik, 1996-yilda joriy etilgan davlat qisqa muddatli obligatsiyalari (DQMO) esa ancha samarali moliyaviy instrument sifatida shakllandi. Ushbu obligatsiyalar nafaqat davlat byudjeti uchun qo'shimcha moliyaviy manba bo'lib xizmat qildi, balki investorlar, xususan korxona va tashkilotlar uchun ham daromad olish imkoniyatini yaratdi. Natijada, ular mamlakat moliya bozorida barqaror va samarali instrument sifatida o‘z o‘rnini egalladi.

Munitsipal obligatsiyalar (mahalliy zayom obligatsiyalari) mahalliy darajadagi davlat hokimiyati organlari tomonidan chiqariladigan qarz majburiyatlari hisoblanadi. Ushbu obligatsiyalarning emitentlari sifatida O‘zbekiston Respublikasining milliy-davlat hamda ma’muriy-hududiy tuzilmalari ishtirok etadi. Xususan, bunday qarorlar Qoraqalpog‘iston Respublikasi Vazirlar Kengashi, viloyatlar, shaharlar va tumanlar hokimliklari tomonidan qabul qilinadi. Munitsipal obligatsiyalar orqali mahalliy byudjet ehtiyojlarini moliyalashtirish, hududiy infratuzilmani rivojlantirish hamda ijtimoiy loyihalarni amalga oshirish imkoniyati yaratiladi.

Korporativ obligatsiyalar esa, asosan, aksiyadorlik jamiyatlari tomonidan chiqariladigan qimmatli qog‘ozlar bo‘lib, ular korxonalar o‘rtasidagi kredit munosabatlarini ifodalaydi. Ushbu jarayonda emitent korxona qarzdor sifatida maydonga chiqsa, boshqa xo‘jalik yurituvchi subyektlar yoki aholi kreditor rolini bajaradi. Shu jihatdan korporativ obligatsiyalar tijorat krediti mexanizmining muhim vositasi hisoblanadi.

Korporativ obligatsiyalar emissiyasi to‘g‘risidagi qaror korxona boshqaruvi tomonidan qabul qilinadi, aksiyadorlik jamiyatlarida esa bu vakolat ijroiya organ zimmasiga yuklatilgan. Qabul qilingan qaror majburiy tartibda tegishli bayonnoma bilan rasmiylashtirilishi lozim. Shu bilan birga, amaldagi me’yorlarga ko‘ra, obligatsiyalarni ustav fondini shakllantirish yoki uni to'ldirish, shuningdek, mavjud zararlarni qoplash maqsadida chiqarishga ruxsat etilmaydi.

Korporativ obligatsiyalarning majburiy rekvizitlari:

1. Emitentning nomi va uning manzili.
2. Qimmatli qog'ozning nomi.
3. Seriyasi, tartib raqami va chiqarilgan sanasi.
4. Turi (davlat ichki qarzi, mahalliy qarz obligatsiyasi, korxona obligatsiyasi).
5. Nashrning umumiy summasi.
6. Nominal qiymati.
7. Egasining nomi (egasi yoziladigan obligatsiyalar uchun).
8. Foiz stavkasi.
9. Foizlarni to'lash shartlari va tartibi.
10. So'ndirish shartlari va tartibi.
11. Emitentning rahbari va bosh buxgalterining imzosi.
12. Ro'yxatga oluvchi idora tomonidan berilgan obligatsiya kodi va sana.

Aksiyadorlik jamiyatlari tomonidan obligatsiyalar chiqarish muayyan cheklovlarga ega: ular ustav kapitalining 20 foizidan ortiq bo'lmagan miqdorda va faqat barcha aksiyalar to'liq joylashtirilib, to'langanidan keyingina emissiya qilinishi mumkin. Boshqa mulkchilik shaklidagi korxonalar uchun esa obligatsiyalar chiqarish hajmi vakolatli tartibga soluvchi organ tomonidan belgilanadi.

Xazina majburiyatlari

Xazina majburiyatlari davlat tomonidan chiqariladigan qarz instrumentlari bo'lib, ular orqali jismoniy yoki yuridik shaxslarning budjetga mablag' kiritganligi rasmiylashtiriladi. Ushbu qimmatli qog'oz egalariga ularni saqlash muddati davomida oldindan belgilangan daromadni olish huquqi beriladi.

Mazkur instrumentlar davlatning ichki qarz majburiyatlari sifatida namoyon bo'lib, investorlar uchun nisbatan ishonchli moliyaviy vosita hisoblanadi.

O‘zbekiston Respublikasining xazina majburiyatlari davlat tomonidan chiqariladigan muhim moliyaviy instrumentlardan biri bo‘lib, ular orqali davlat ichki moliyaviy resurslarni jalb etadi. Mazkur qimmatli qog‘ozlar egasining davlat byudjetiga mablag‘ kiritganligini tasdiqlaydi va shu asosda investor uchun ma’lum muddat davomida barqaror daromad olish imkoniyatini yaratadi. Shu sababli, xazina majburiyatlari davlatning qarz majburiyatlarini ifodalovchi ishonchli vosita sifatida qaraladi.

Xazina majburiyatlarining muhim xususiyati shundaki, ular bo‘yicha daromad miqdori oldindan belgilangan bo‘ladi va bu investorlar uchun risk darajasini sezilarli darajada kamaytiradi. Ayniqsa, iqtisodiy beqarorlik sharoitida bunday qimmatli qog‘ozlar kapitalni saqlab qolish va xavfsiz joylashtirish vositasi sifatida katta ahamiyat kasb etadi. Shu jihatdan, xazina majburiyatlari moliya bozorida eng ishonchli investitsiya instrumentlaridan biri sifatida baholanadi. Amaliyotda xazina majburiyatlari muomala muddatiga qarab uch asosiy turga ajratiladi.

Uzoq muddatli majburiyatlar odatda 5 yil va undan ortiq muddatga chiqarilib, yirik investitsion loyihalarni moliyalashtirishga xizmat qiladi.

O'rta muddatli majburiyatlar 1 yildan 5 yilgacha bo'lgan davrni qamrab olib, davlatning o'rta muddatli moliyaviy ehtiyojlarini qondirishda muhim rol o'ynaydi.

Qisqa muddatli majburiyatlar esa 1 yilgacha bo'lgan muddatga chiqarilib, byudjet likvidligini ta'minlash va qisqa muddatli moliyaviy uzilishlarni bartaraf etishda qo'llaniladi.

Mazkur qimmatli qog'ozlarni chiqarish tartibi ham aniq tartibga solingan. Xususan, uzoq va o‘rta muddatli xazina majburiyatlari bo‘yicha qarorlar hukumat darajasida, ya’ni Vazirlar Mahkamasi tomonidan qabul qilinadi. Qisqa muddatli majburiyatlarni emissiya qilish esa Moliya vazirligi vakolatiga kiradi. Bu esa davlat qarz siyosatini markazlashgan holda va izchil yuritish imkonini beradi.

Iqtisodiy mohiyatiga ko‘ra, xazina majburiyatlari davlat obligatsiyalariga juda yaqin bo‘lib, ular o‘rtasidagi farq asosan ularning maqsadli auditoriyasi va muomala xususiyatlarida namoyon bo‘ladi. Amaliy jihatdan qaralganda, xazina majburiyatlari ko‘proq jismoniy shaxslar uchun mo‘ljallangan davlat qimmatli qog‘ozlari sifatida xizmat qiladi. Bu esa aholining jamg‘armalarini iqtisodiyotga jalb etish va moliya bozorini rivojlantirishda muhim omil hisoblanadi.

Umuman olganda, xazina majburiyatlari davlat moliya tizimining ajralmas qismi bo‘lib, ular orqali nafaqat byudjet taqchilligini moliyalashtirish, balki pul-kredit siyosatini samarali yuritish, investitsion muhitni yaxshilash va aholining moliyaviy faolligini oshirishga ham erishiladi. Shu bois, ularning iqtisodiyotdagi o'rni va ahamiyati doimiy ravishda ortib bormoqda.

DEPOZIT SERTIFIKATLARI

Depozit sertifikati (ingl. *certificate of deposit*) — bu pul mablag'lari omonatga qo'yilganligi to'g'risida, omonatchiga belgilangan muddat tugaganidan keyin depozit summasi va unga tegishli foizlarni olish huquqini beruvchi kredit muassasasining guvohnomasidir.

O'zbekistonda mustaqillikka erishilgandan keyin 1994-yildan boshlab sertifikatlar ikki turda chiqarila boshlandi:

depozit sertifikatlari — yuridik shaxslar uchun, 1 yilgacha muddatga;

omonat (jamg'arma) sertifikatlari — jismoniy shaxslar uchun, 3 yilgacha muddatga.

Bank sertifikatni muddatidan oldin to'lovga taqdim etilishi ehtimolini nazarda tutishi mumkin. Bunday hollarda bank tomonidan oldindan, ya'ni sertifikat berilgan paytda belgilangan qiymat hamda pasaytirilgan foiz stavkasi asosida to'lov amalga oshiriladi.

Sertifikatning amal qilish muddati tugagach, uning egasiga tegishli bo'lgan foizlar dastlab belgilangan stavka bo'yicha, ushbu sertifikat qachon sotib olinganidan qat'i nazar, emitent bank tomonidan to'lab berilishi shart.

Sertifikatlar bir martalik, shuningdek seriyali shaklda, egasining nomi yozilgan yoki ko'rsatuvchiga tegishli (taqdim etuvchiga) ko'rinishda chiqarilishi mumkin.

Depozit sertifikatlari blanklarining majburiy rekvizitlari

1. Qimmatli qog'ozlarning nomi.
2. Sertifikatning berilishi sababi (depozit yoki jamg'arma omonatining kiritilishi).
3. Depozit yoki jamg'arma omonatining kiritilish sanasi.
4. Depozit yoki jamg'arma omonatining hajmi.
5. Bankning depozit yoki omonatga kiritilgan summani qaytarish haqidagi so'zsiz majburiyati.
6. Omonatchi tomonidan sertifikat bo'yicha summani talab qilish sanasi.
7. Depozit yoki omonatdan foydalanilganlik uchun foiz stavkasi.
8. Tegishli foizlar summasi.
9. Emitent bank mansili, egasining nomi yozilgan sertifikat uchun esa omonatchining nomi.
10. Bank tomonidan bunday turdagi majburiyatni imzolash uchun vakil, etilagan ikki shaxsning bank muhri bilan mustahkamlangan imzolari.

Sertifikatlarni chiqarish to‘g‘risidagi qaror bankning amaldagi qonunchilik va bankning ustav hujjatlariga muvofiq bunga vakolat olgan bankning rahbar organi tomonidan qabul qilinadi. Sertifikatlarni chiqarish to‘g‘risidagi qaror bilan chiqarish shartlari va u bilan bog‘liq bo‘lgan tadbirlarning tartibi hamda muddati tasdiqlanishi kerak.Tadbirlar quyidagilarni o‘z ichiga oladi:

- sertifikatlar tarqatilishi to‘g‘risidagi xabar va ular nashrini muomalaga chiqarish shartlarini e’lon qilish;
- sertifikatlar tarqatilishini tashkil etish.

Sertifikatlar chiqarish uchun beriladigan ruxsatnomani emitent bank Markaziy bankda rasmiylashtiradi. Markaziy bank nashrni ro‘yxatga olish uchun ariza berilgan kundan boshlab ikki hafta ichida nashrni ro‘yxatga olishi yoki ro‘yxatga olishdan voz kechishi lozim.

Markaziy bank sertifikatlar nashrini ro‘yxatga olishi yoki amalga oshirilgan nashr natijasida jamlangan barcha mablag‘larni omonatchilarga qaytargan holda nashrni haqiqiy emas, deb tan olishi mumkin.

Shuningdek, Markaziy bank quyidagi hollarda sertifikatlarning muddatdan oldin to‘lanishini talab qilishi mumkin:

- sertifikatlarni chiqarish va ularning muomalada bo‘lish shartlari amaldagi qonunchilikka zid bo‘lsa;
- agar bank sertifikatlarni chiqarish tadbirlarini amalga oshirishga rasmiy ro‘yxatga olingunga qadar kirishgan bo‘lsa;
- reklamadagi axborot ishining haqiqiy ahvoliga va amaldagi qonunchilikka mos kelmasa;
- amaldagi qonunchilik yoki sertifikatlarni chiqarish, ularning muomalada bo‘lishi va to‘lanishi qoidalari buzilgan bo‘lsa.

Banklar depozit sertifikatlarini chiqarish, ro‘yxatga olish va ularning muomalada bo‘lishi tartibi O‘zbekiston Respublikasi Markaziy bankining 1994-yil 24-dekabrdagi 103-sonli farmoyishi bilan tasdiqlangan maxsus qoidalar asosida belgilanadi.

Markaziy bankning o'zi ham sertifikat chiqarishi mumkin. Bunday sertifikatlarni chiqarish tartibi "O'zbekiston Respublikasi Markaziy bankining depozit sertifikatlari chiqarish, ularning muomalada bo'lishi va ularga xizmat ko'rsatish to'g'risidagi nizom" bilan boshqariladi.

Markaziy bank tomonidan chiqariladigan sertifikatlar davlat qimmatli qog'ozlari toifasiga kiradi.

VEKSELLAR

Veksel (*nemischa Wechsel* so'zidan) – veksel beruvchining yoki vekselda ko'rsatilgan boshqa to'lovchining vekselda nazarda tutilgan muddat kelganda veksel egasiga muayyan summani to'lashga doir shartsiz majburiyatini tasdiqlovchi noemissiyaviy qimmatli qog'oz.

Oddiy veksel (solo veksel) – bu qarzdorning (veksel beruvchining) muayyan pul summasini ko'rsatilgan muddatda kreditorga (birinchi oluvchisiga) to'lash majburiyatini ifodalovchi hujjat.

O'tkazma veksel (tratta) – bu veksel beruvchi kreditor(trassant)ning qarzdor(trassat)ga ma'lum pul summasini ko'rsatilgan muddatda uchinchi shaxs birinchi oluvchi(remitent)ga to'lashi buyrug'ini ifodalovchi hujjat.

O'tkazma veksel, agar u qarzdor – trassat tomonidan akseptlanmagan bo'lsa, qonuniy kuchga ega bo'lmaydi. Aksept (to'lash uchun rozilik) yozma ravishda vekselning ustki tomonida amalga oshiriladi. Aksept umumiy yoki chegaralangan (qisman) bo'lishi mumkin. *Qismli aksept* – bu qarzdorning veksel valutasi bir qisminito'lash uchun yozma ravishdagi roziligidir. Veksel akseptlanmaganhollarda yoki u bo'yicha to'lovdan bosh tortilsa, veksel bo'yicha da'voqilinishi mumkin. Bunda uning egasida veksel bo'yicha majburiyatgaega bo‘lgan oldingi shaxslarga regress, ya’ni qaytarma talab tartibida to‘lash huquqi paydo bo‘ladi.

Oddiy vekselda boshdan boshlab ikki shaxs qatnashadi; veksel beruvchi, uning o‘zi unga berilgan veksel bo‘yicha to‘lash majburiyatini to‘g‘ridan-to‘g‘ri va so‘zsiz oladi hamda dastlabki sotib oluvchi (veksel egasi), u veksel bo‘yicha to‘lovni olish huquqiga ega.

Oddiy vekselning boshqa qarz majburiyatlaridan farqi quyidagilardan iborat:

a) veksel o‘tkazma yozuv bo‘yicha qo‘ldan qo‘lga o‘tkazilishi mumkin;

b) vekselda ishtirok etuvchi shaxslar veksel bo‘yicha birgalikda javobgarlikka ega, qaytmaslik yozuvini qayd etuvchi shaxslar bundan mustasno;

d) imzolarga guvohlik berish uchun notarial idoraga kelish talab etilmaydi;

e) veksel belgilangan muddatda to‘lanmagan hollarda notarial noroziligini qo‘zg‘atish zarur;

f) veksel mavxum pul hujjati hisoblanadi va shu sababli zakalat,garov yoki jarima bilan ta’minlanadi.

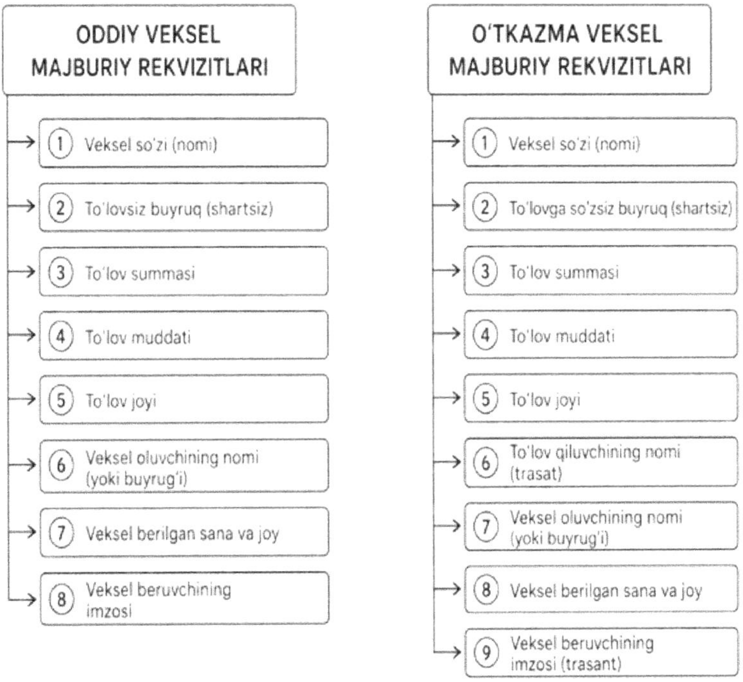

O‘tkazma vekselning oddiy vekseldan asosiy farqi shundaniboratki, u qimmatliklarni bir shaxs ixtiyoridan boshqa shaxs ixtiyoriga o'tkazish uchun mo'ljallangan. Oddiy veksel va o'tkazma vekselning majburiy rekvizitlari quyidagi jadvalda keltirilgan.

O'tkazma vekselni berish (trassirovka qilish) – aksept va u bo'yicha to'lov kafolati majburiyatini o'z zimmasiga olish demakdir.Bundan shu narsa kelib chiqadiki, uni boshqa shaxsga trassirovka qilish faqat agar trassant (veksel beruvchi) trassat (to'lovchi)da o'z ixtiyorida trassirovka qilinayotgan veksel summasidan kam bo'lmagan qimmatlikka ega bo'lgan vaziyatda mumkin bo'ladi. Oddiy vekseldan farqli o'laroq, o'tkazma vekselda ikkita emas, balki uchta shaxs qatnashadi:

– veksel beruvchi (trassant);

– veksel bilan birga u bo'yicha to'lovni talab qilish huquqini oluvchi dastlabki xaridor (yoki veksel egasi);

– to‘lovchi (trassat), unga veksel egasi to‘lovni amalga oshirishni taklif etadi (vekselda bu "to‘lang" degan so‘z bilan ifodalanadi).

Bu yerda trassantning majburiyati shartli ravishda belgilanadi. u, bordi-yu to‘lovchi (trassat) veksel summasini to‘lamasa, ushbu summani to‘lash majburiyatini o‘z zimmasiga oladi.

Shunday qilib, oddiy vekselda to‘lovchi vekselni beruvchi bo‘lsa,o‘tkazma vekselda trassat, deb nomlanuvchi alohida shaxs to‘lovchi hisoblanadi. Uning nomi matnda majburiylar safiga kiritilishi tasodif emas, chunki u veksel (aksept)ni qabul qilganidan so‘ng oddiy vekselda veksel beruvchi holatini egallaydi.

O‘tkazma vekselning mazmunidan shu narsa kelib chiqadiki, u bo‘yicha majburiyat trassat (to‘lovchi) uchun faqat u veksel (aksept)ni qabul qilgan yildan boshlab paydo bo‘ladi. Aks holda trassat veksel beruvchi uchun mutlaqo begona shaxs bo‘lib qoladi. Bundan kelib chiqib, veksel bo‘yicha pullarni oluvchilar oldindan, to‘lov muddati kelgunga qadar to‘lovchining vekselni to‘lashga bo‘lgan munosabatini aniqlashi mumkin. Bu maqsadga vekselni trassatga uni akseptlash,demak, o‘z zimmasiga to‘lovni amalga oshirish majburiyatini olish taklifi bilan taqdim etish yo‘li orqali erishiladi.

Shu bilan birga, vekselni akseptga taqdim etish veksel egasi trassat va trassantning qodirligiga ishongan hollar uchun majburiy hisoblanmaydi. Veksel akseptga istalgan yilda, veksel berilgan kundan boshlab to to‘lov muddati boshlanadigan yilgacha taqdim etilishi mumkin. Veksel hatto to‘lov muddatidan keyin ham akseptga taqdim etilishi hamda akseptlanishi mumkin va trassat u bo‘yicha vekselni muddatigacha qabul qilgandek javob beradi.

Odatda, veksel akseptga banklar tomonidan to‘lovchining manzili bo‘yicha taqdim etiladi. Trassat unga veksel birinchi marta taqdim etilganidan bir kundan so‘ng uni ikkinchi marta taqdim etilishini talab qilish huquqiga ega. Agar u ushbu muddatdan so‘ng qabul qilinmasa, u holda veksel qabul qilinmagan hisoblanadi. Trassat vekselni aksept uchun o‘zida qoldirishni talab qilish huquqiga ega emas.

Aksept, odatda, vekselning ustki tomoni chap qismida belgilanadi va to‘lovchining imzosi majburiy ravishda qo‘yilgan holda "akseptlangan", "qabul qilindi", "to‘layman" so‘zlari bilan ifodalanadi.Vekselning ustki tomonidagi oddiy imzo ham vekselning qabul qilinganligini anglatadi.

Veksel istalgan summaga 3 oy muddatgacha, istisno hollarda esa –6 oygacha yozilishi mumkin. U "belgilangan kunga" yoki "tuzilgan kundan qandaydir yilga" muddat bilan berilishi mumkin. Agar vekselda muddat ko‘rsatilmagan bo‘lsa, u taqdim etilganda to‘lanishi lozim bo‘lgan veksel sifatida ko‘rib chiqiladi.

Veksel belgilangan shakldagi blanklarda yoziladi. Veksellarning namunaviy blanklari markazlashtirilgan yo‘l bilan "Davlat belgisi" Davlat ishlab chiqarish birlashmasi tomonidan tayyorlanadi va tijorat banklari o‘rtasida tarqatiladi. Korxona va tashkilotlar veksellar blanklarini tijorat banklarida hisob-kitob raqami yuritiladigan joyda sotib olishi mumkin. Veksellar blanklarini berish chog‘ida bank mijozning moliyaviy xo‘jalik ahvolini, uning to‘lovga qobiliyatini tekshirishi lozim. Bunda bank veksel summasini uning muomalada bo'lishini maxsus daftarda qayd etadi. Bank rahbarlari veksellar blanklarining berilishi va veksel summalarining ro'yxatga olinishi uchun shaxsan javobgardir.

To'lov muddati kelib, veksel taqdim etilgan yilda veksel beruvchi unda ko'rsatilgan summani veksel egasiga to'lashga majbur, shundan so'ng ikki kunlik muddatda veksel berilganligini ro'yxatga olgan bankka veksel bo'yicha to'lov amalga oshirilganligi haqida xabar berishi kerak. Agar veksel muddatida to'lanmagan bo'lsa, bank qarzdor korxonaning hisob raqamiga kelib tushadigan pul mablag'larini veksel bo'yicha majburiyatlarni qoplash hisob raqamiga o'tkazish huquqiga ega.

Agar veksel bo'yicha to'lov o'z vaqtida amalga oshirilmasa, veksel egasi veksel so'ndirilishi lozim bo'lgan kundan keyingi 2 ish kuni ichida to'lanmaganlik haqida qat'iy norozilikni rasmiylashtirishi,shundan keyin veksel beruvchi va indossantlarga nisbatan da'vo qilishi mumkin (vekselni bergan va indossirovka qilgan barcha shaxslar vekselning egasi oldida birgalikda majburiyatga ega). Agar to'lovchi to'lovga qodir bo'lmaganligi bois, to'lovlarni to'xtatib qo'ysa, da'vo to'lov muddati kelishidan oldin ham qilinishi mumkin, hatto bu holat sud tomonidan belgilanmagan bo'lsa ham.

Veksel egasi vekselni indossirovka qilgan barcha shaxslarga yoki ularning har biriga alohida, ular bir-biriga vekselni o'tkazgan ketma ketlikdan qat'i nazar, da'vo qilishi mumkin. Xuddi shunday da'vo qilish huquqiga vekselga imzo chekkan har bir shaxs, u vekselni to'lagandan keyin ega bo'ladi.

Veksel egasi veksel bo'yicha da'vo qilingan shaxsdan quyidagilarni talab qilishi mumkin:

– vekselning to‘lanmagan summasi va foizlarni, agar ularshartlangan bo‘lsa;

– to‘lov muddati kelgan kundan boshlab Markaziy bank hisobstavkasi miqdoridagi foizlarni;

– da’vo qilish bo‘yicha xarajatlarni (xabarnomani jo‘natish, boj va boshqalar.

– to‘lov muddati kelgan kundan boshlab Markaziy bank hisob stavkasining yarmisi miqdoridagi penyani.

O‘zbekiston Respublikasi Prezidentining 1997-yil 19-martdagi Farmoniga muvofiq korxona va tashkilotlarning veksellarni chiqarishiga faqat ularga yetkazib berilgan tovarlar (ishlar, xizmatlar)uchun hisob–kitoblar qilishga ularda pul mablag‘lari etishmovchiligini qoplash uchun xizmat ko‘rsatilayotgan bank tomonidan majburiy tarzda veksel topshiriqnomasi (aval)ning rasmiylashtirilishi bilan ruxsat etilgan edi. Aval bank tomonidan faqat korxonaning likvidliaktivlarining garovga qo‘yilishi ostida rasmiylashtirilishi mumkin.Veksellarni trast boshqaruviga topshirish, shuningdek, veksellar bilan kreditlar berilishi ta’qiqlanadi. Bundan tashqari, budjet oldida boqimandalikka ega bo‘lgan veksel egalari bo‘lmish korxona va tashkilotlar ushbu oyda qoplash muddati kelgan veksellarni tovarlar(ishlar, xizmatlar) narxini to‘lash uchun foydalanish huquqiga ega emas. Veksel egalariga qayd etilgan veksellarni so‘ndirish uchun kelib tushadigan pul mablag‘lari budjetga boqimandalik mavjud bo‘lgan hisob raqamga o‘tkazilishi lozim.

Tijorat banklariga veksel beruvchi korxonalar uchun maxsus hisobraqamlar ochish vazifasi topshirilgan. Ushbu hisob raqamlarda veksellarni so‘ndirish yilida banklar veksel beruvchilarning kerakli miqdordagi pul mablarlarini zaxirada ushlab turishi zarur.

Veksel beruvchida vekselni so‘ndirish yilida veksel egasiga unga to‘lanishi lozim bo‘lgan mablag‘larni veksel topshiriqnomasi (aval) asosida o‘z yilida to‘lash uchun bo‘sh pul mablag‘lari bo‘lmasa, so‘ngra qarzdor korxonaga veksel noroziligi va jazo choralari tadbirini qo‘llashi mumkin. Hozirda vekselllardan amaliyotda foydalanilmayapti.

Hosilaviy qimmatli qog‘ozlar

Hosilaviy qimmatli qog‘ozlar — bu o‘z qiymati boshqa bir aktivga (bazis aktivga) bog‘liq bo‘lgan moliyaviy instrumentlardir. Ular investorlar o‘rtasida kelishuv asosida tuziladi va kelajakda ma’lum shartlar asosida aktivlarni sotib olish yoki sotish huquqi yoki majburiyatini belgilaydi.

Bazis aktiv sifatida ko‘pincha aksiyalar, obligatsiyalar, foiz stavkalari yoki boshqa moliyaviy ko‘rsatkichlar ishtirok etadi. Hosila instrumentlarning muhim jihati shundaki, ular bevosita aktivni emas, balki unga nisbatan huquq yoki majburiyatni ifodalaydi. Shu sababli ular risklarni boshqarish (hedging) va spekulyativ daromad olishda keng qo'llaniladi.

Opsion — bu qimmatli qog'ozni ma'lum muddat ichida yoki aniq sanada oldindan kelishilgan narxda sotib olish yoki sotish huquqini beruvchi shartnoma hisoblanadi. Opsion egasi aktivni sotib olishga majbur emas — u faqat tanlash huquqiga ega. Shu jihati bilan opsion boshqa hosila instrumentlardan farq qiladi.

Opsion shartnomasida ikki tomon ishtirok etadi:

- opsion egasi (xaridor) – huquqqa ega tomon;
- opsion sotuvchisi – tegishli majburiyatni bajaruvchi tomon.

Opsionlar ikki asosiy turga bo'linadi:

- call (koll) – aktivni sotib olish huquqini beradi;
- put (po‘t) – aktivni sotish huquqini beradi.

Bundan tashqari, opsionlar ijro etilish tartibiga ko‘ra:

- Yevropa opsioni – faqat belgilangan sanada amalga oshiriladi;
- Amerika opsioni – muddat davomida istalgan vaqtda bajarilishi mumkin.

Opsion narxi *mukofot* deb ataladi va u xaridor tomonidan sotuvchiga to‘lanadi. Opsionning qiymati ichki va tashqi qismlardan iborat bo‘lib, ichki qiymat bozor narxi bilan ijro narxi o‘rtasidagi farqni ifodalaydi. Tashqi qiymat – vaqt va bozor omillariga bog‘liq qo‘shimcha qiymat.

O‘zbekiston Respublikasining qonunchiligiga muvofiq, opsionlar ular emitentining ilgari chiqarilgan shaxsiy qimmatli qog'ozlarini ham,uchinchi shaxslar qimmatli qog'ozlarini ham xarid qilish yoki sotish huquqini tasdiqlashi mumkin. Bazis aktivi emitentning birinchi marta muomalaga chiqarilayotgan shaxsiy qimmatli qog'ozlaridan iborat bo'lgan opsionlarning chiqarilishiga yo'l qo'yilmaydi.

Opsionlar egasining nomi yozilgan va ko'rsatuvchi egalik qiladigan turlarda bo'lishi mumkin. O'zbekiston Respublikasida opsionlar o'ziga amerikacha xildagi opsionning belgilarini jamladi,ya'ni opsion egasi o'zining bazis aktivini xarid qilish yoxud sotish huquqini yo ma'lum bir muddat davomida, yoki aniq bir sanada amalga oshiradi.

Opsionning majburiy rekvizitlari

1.Opsion turi (xarid yoki sotish)
2.Davlat ro'yxatidan o'tgan sana va raqam
3.Emitentning nomi, manzili va rekvizitlari
4.Bazis aktiv tavsifi
5.Emitentning majburiyati
6.Amal qilish muddati yoki ijro sanasi
7.Emitent imzosi va tasdiqlovchi belgilar

Opsionning turlaridan biri varrant (varrant) hisoblanadi.

Varrant – bu uning egasi ma'lum muddat davomida yoki ma'lum bir kunda varrantlar emitenti tomonidan dastlabki chiqarilgan qimmatli qog'ozlarni xarid qilish huquqini olganligini tasdiqlovchi hujjat.Shunday qilib, varrantlarni chiqarish bazis aktivini tashkil etuvchi qimmatli qog'ozlarni chiqarish bilan bog'lanadi. Varrantning bazis aktivi bo'lgan qimmatli qog'ozlarning bir nashri faqat varrantning bitta nashriga huquq beradi.

Varrantlar muomalaga chiqarilgan va uchinchi shaxslarning qo'lida bo'lgan yoki emitentning o'zi tomonidan sotib olingan qimmatli qog'ozlar bo'yicha chiqarilishi mumkin emas. Bazis aktivining baxosi qimmatli qog'ozlar nominalidan past bo'lgan varrantlarning emissiyasi taqiqlanadi (obligatsiyalar bundan mustasno).

Varrantning majburiy rekvizitlari:

1. Qimmatli qog'ozning nomi.
2. Davlat ro'yxatiga olingan sana va raqam.
3. Varrantni ro'yxatdan chiqarish sanasi.
4. Varrant emitentining nomi, manzili va ba izitlari.
5. Emitentining bazis aktivini sotish ɔuriyati.
6. Varrantning amal qilish muddati yoki ijro ;h sanasi.
7. Bazis aktivining o'ziga xos xususiyati.
8. Varrant xaridorining nomi (egasining non ladiganvarrantlar uchun).
9. Varrant emitentining imzosi va muhri.

Varrant emitentlari varrantlarning dastlabki egalariga ularni xarid qilish uchun teng narx shartlarini ta'minlashi kerak. Varrantlar egalari uchun qimmatli qog'ozlarni joylashtirish narxi ushbu qimmatli qog'ozlarni varrantlar egasi bo'lmagan sarmoyador tomonidan joylashtirilishi narxidan farq qilishi mumkin. Varrantlar bilan operatsiyalar qimmatli qog'ozlarning birja va birjadan tashqari bozorlarida bajarilishi mumkin.

Fyuchers (futures) – bu kelajakda ma'lum muddatda aniq belgilangan narx asosida muayyan miqdordagi qimmatli qog'ozlarni sotib olish yoki sotish bo'yicha majburiyatni ifodalovchi hosilaviy moliyaviy instrumentdir.

Opsiondan farqli ravishda, fyuchers shartnomasi tomonlarga majburiy xarakterga ega bo'lib, bitimni bajarishdan voz kechish imkoniyati mavjud emas.

Fyucherslar nafaqat qimmatli qog'ozlarga, balki turli tovarlarga ham nisbatan tuzilishi mumkin. Ularning asosiy xususiyatlari – narxning oldindan belgilanishi va ijroning majburiyligi hisoblanadi.

Fyuchers shartnomasi aktivning o'zini darhol topshirishni nazarda tutmaydi. Aksincha, u kelajakdagi yetkazib berish yoki hisob-kitob majburiyatini rasmiylashtiradi. Shu sababli, fyucherslar orqali real aktiv emas, balki huquq va majburiyatlar bilan bog'liq moliyaviy kelishuv muomalaga kiradi.

Fyucherslarning yana bir muhim jihati shundaki, ular bo'yicha savdo aktiv real mavjud yoki yo'qligidan qat'i nazar amalga oshirilishi mumkin. Bu esa bozorda spekulyativ operatsiyalarni keng qo'llash imkonini beradi.

Opsion va fyuchers o'rtasidagi asosiy farqlar:

- ✓ fyuchersda majburiyat qat'iy, opsionda esa tanlov huquqi mavjud;
- ✓ fyuchers muddati tugagach, majburiy hisob-kitob amalga oshiriladi;
- ✓ fyuchers bilan bog'liq risk darajasi odatda yuqoriroq bo'ladi.

Fyuchers shartnomalari standartlashtirilgan bo'lib, ularning narxi birjalarda talab va taklif asosida shakllanadi. Hisob-kitoblar esa odatda kliring palatalari orqali amalga oshiriladi.

Amaliyotda fyucherslar orqali investorlar narxlarning o'zgarishidan foyda olishga harakat qiladi. Masalan, agar investor narx tushishini kutsa, u aktivni hozir sotish majburiyatini olib, keyinchalik arzonroq narxda sotib olib majburiyatini bajaradi.

O'zbekiston qonunchiligiga ko'ra, **fyuchers** – bu kelajakda belgilangan narxda qimmatli qog'ozlarni sotib olish yoki sotish bo‘yicha so‘zsiz majburiyatni tasdiqlovchi shartnoma hisoblanadi. Bunda bazis aktiv sifatida birinchi marta muomalaga chiqarilayotgan qimmatli qog‘ozlar bo‘lishiga yo‘l qo‘yilmaydi.

Fyuchers opsiondan farqli ravishda, ijro etilishi majburiy bo‘lib, shartnoma egasi bitimni bajarishi yoki uni boshqa ishtirokchiga o‘tkazishi lozim.

Fyuchersning majburiy rekvizitlari:

1.Qimmatli qog‘oz nomi;
2.Davlat ro‘yxatidan o‘tgan sana va raqam;
3.Muomaladan chiqarish sanasi;
4.Fyuchers turi (xarid yoki sotish);
5.Emitentning rekvizitlari;
6.Bazis aktiv bo‘yicha majburiyat;
7.Ijro etish sanasi;
8.Bazis aktiv tavsifi;
9.Imzo va muhr.

3. Qimmatli qog'ozlar bozorini rivojlantirish bo'yicha xorij tajribasi

Qimmatli qog'ozlar bozori har qanday mamlakat iqtisodiy rivojlanishida muhim rol o'ynaydi. U bir tomondan, bo'sh turgan pul mablag'larini jalb qilish, ikkinchi tomondan, ularni samarali investitsiya loyihalariga yo'naltirish vazifasini bajaradi. Rivojlangan mamlakatlarda qimmatli qog'ozlar bozori iqtisodiy o'sishning "barometri" hisoblanadi. Aynan fond bozori orqali korxonalar uzoq muddatli moliyaviy resurslarga ega bo'ladilar, investorlar esa o'z jamg'armalarini ko'paytirish imkoniyatiga ega bo'ladilar.

Biroq, qimmatli qog'ozlar bozorini barpo etish va rivojlantirish murakkab, bosqichmabosqich va uzoq vaqt talab qiladigan jarayondir. Buning uchun mustahkam qonunchilik bazasi, davlat tomonidan samarali tartibga solish tizimi, investor huquqlarini himoya qilish tizimi, shaffof axborot muhiti va zamonaviy bozor infratuzilmasi (birjalar, depozitariylar, kliring va hisob-kitob markazlari) zarur.

Aynan shu jihatlardan kelib chiqib, aksariyat mamlakatlar – AQSh, Buyuk Britaniya, Germaniya, Yaponiya, Janubiy Koreya, Singapur va boshqalar – o‘zlarining qimmatli qog‘ozlar bozorlarini yaratish jarayonida turli qiyinchiliklarni boshdan kechirdilar. Jumladan, ular bozorning haddan tashqari tebranuvchanligi, insayder savdosi, chayqovchilik, investorlarning ishonchsizligi, likvidlilik pastligi va tartibga soluvchi organlarning zaifligi kabi muammolarga duch keldilar. Ammo vaqt o‘tishi bilan har bir mamlakat ushbu muammolarni yengishning o'ziga xos mexanizmlarini ishlab chiqdi. Masalan, AQSHda SEC (Qimmatli qog'ozlar va birjalar komissiyasi)[12] mustaqil va kuchli nazorat organi sifatida shakllangan bo'lsa, Buyuk Britaniyada "bir qo'l ostida tartibga solish" (twin-peaks model)[13] tamoyili joriy qilingan. Germaniya va Yaponiya esa bank va fond bozori infratuzilmasini uyg'unlashtirishga alohida e'tibor qaratdi.

Rivojlanayotgan va o'tish iqtisodiyotiga ega mamlakatlar (shu jumladan O'zbekiston) uchun xorij tajribasini o'rganish juda katta ahamiyatga ega. Nima uchun? Chunki boshqa mamlakatlarning muvaffaqiyatli yutuqlari va xatolarini tahlil qilish orqali biz quyidagi imkoniyatlarga ega bo'lamiz:

---

12 https://en.wikipedia.org/wiki/United_States_Securities_and_Exchange_Commission

13 https://api.pageplace.de/preview/DT0400.9781316953112_A45557880/preview-9781316953112_A45557880.pdf

1. Xatolarni takrorlamaslik – boshqalar qilgan strategik va taktik xatolardan saboq olib, ularni o‘z sa’y-harakatlarimizda oldini olish.

2. Vaqt va resurslarni tejash – sinov va xato usuliga ko‘p vaqt sarflamasdan, isbotlangan mexanizmlarni moslashtirish.

3. Mahalliy sharoitga moslashtirish – har bir xorijiy modelni o‘z iqtisodiy, huquqiy va madaniy muhitimizga moslab qo‘llash.

4. Xalqaro standartlarga yaqinlashish – jahon moliya tizimiga integratsiyalashish va xorijiy investitsiyalarni jalb qilish uchun qulay muhit yaratish.

Shu bilan birga, shuni unutmaslik kerakki, xorij tajribasini to‘g‘ridan-to‘g‘ri nusxalash mumkin emas. Har bir mamlakatning tarixi, iqtisodiy tuzilishi, huquqiy tizimi, moliyaviy savodxonlik darajasi va aholining fond bozoriga bo‘lgan ishonchi farq qiladi.

Shuning uchun eng yaxshi yondashuv – bu "tanlab moslashtirish" (selective adaptation): ya'ni, faqat o'zimizning muammolarimizga eng mos keladigan, samarali va amalga oshirish mumkin bo'lgan xorijiy usullarni qabul qilish.

Ushbu tadqiqot (yoki ma'ruza/insho) quyidagi asosiy yo'nalishlarda xorij tajribasini tahlil qiladi:

- Tartibga solish va nazorat – qimmatli qog'ozlar bozori faoliyatini qanday qilib samarali va korrupsiyasiz boshqarish?
- Investor huquqlarini himoya qilish – kichik va institutsional investorlarni firibgarlik va noqonuniy harakatlardan qanday saqlash?
- Bozor infratuzilmasi – birja faoliyati, depozitariy xizmatlar, kliring va hisob-kitob tizimlarining ilg'or namunalari.
- Shaffoflik va axborotni oshkor qilish – kompaniyalar va tartibga soluvchilar

tomonidan investorlarga ishonchli ma'lumot berish mexanizmlari.

❖ Raqamli texnologiyalar va qimmatli qog'ozlarni raqamlashtirish – masofaviy identifikatsiya, blokcheyn, raqamli aktivlar va kripto-bozorlarni tartibga solish borasidagi xorijiy yondashuvlar.

Xulosa qilib aytganda, mazkur qismning maqsadi – o'quvchini (yoki baholovchini) xorij tajribasini o'rganish nafaqat foydali, balki zarur ekanligiga ishontirishdir. Zamonaviy globallashgan iqtisodiyotda hech bir davlat yopiq holda o'z qimmatli qog'ozlar bozorini muvaffaqiyatli rivojlantira olmaydi. Xalqaro tajribadan o'rganish, undan eng yaxshi elementlarni o'zlashtirish va ularni milliy qonunchilik va amaliyotga singdirish – bu O'zbekiston qimmatli qog'ozlar bozorini yangi bosqichga ko'tarishning ishonchli yo'lidir.

Keyingi bo‘limlarda biz ayrim rivojlangan mamlakatlar – AQSh, Germaniya, Singapur, Janubiy Koreya va Turkiya misolida ularning qimmatli qog‘ozlar bozorini rivojlantirishdagi asosiy yutuqlari va modellarini batafsil ko‘rib chiqamiz.

Amerika Qo‘shma Shtatlari (AQSh) – eng yirik va eng ilg‘or fond bozori

AQSh qimmatli qog‘ozlar bozori dunyodagi eng katta, likvid va shaffof bozor hisoblanadi. Uning asosiy kuchli jihatlari:

1. SEC (Securities and Exchange Commission) – mustaqil va kuchli nazorat organi.
2. Ny-York fond birjasi (NYSE) va NASDAQ – global standartlarni belgilaydi.
3. Investorlarni himoya qilish – SIPC orqali 500 000 dollargacha sug‘urta.

4. Shaffoflik – kompaniyalar har chorakda moliyaviy hisobotlarni oshkor qilishi majburiy.

AQSh, shuningdek, barqaror obligatsiyalar (green, social, sustainability – GSS bonds) bozorining yetakchilaridan biridir. Quyidagi ma'lumotlar AQSh va global tendensiyalarni aks ettiradi:

So'nggi besh yil ichida barqaror obligatsiyalar bozorga asoslangan moliyalashtirishning muhim manbaiga aylandi. 2024-yilda korporatsiyalar tomonidan chiqarilgan global barqaror obligatsiyalar hajmi 522 milliard AQSh dollarini, rasmiy sektor (davlat va xalqaro tashkilotlar) tomonidan chiqarilgani esa 473 milliard dollarni tashkil etdi. 2024-yil oxiriga kelib, korporativ va rasmiy sektor tomonidan chiqarilgan barqaror obligatsiyalarning umumiy qoldig'i mos ravishda 2,4 trillion dollar va 2,2 trillion dollar bo‘ldi. 2024-yilda yashil obligatsiyalar (green bonds) eng dominant tur bo‘lib, korporatsiyalar tomonidan 382 milliard dollar, rasmiy sektor tomonidan 257 milliard dollar hajmda emissiya qilindi.

Global barqaror obligatsiyalarning 93 foizi Xalqaro Kapital Bozorlari Assotsiatsiyasi (ICMA) tomonidan ishlab chiqilgan standartlardan foydalangan[14]. Eng ko‘p qo‘llaniladigan taksonomiyalar – Climate Bonds Taxonomy va Xitoyning Yashil Taksonomiyasi.

Tekshirilgan yashil, ijtimoiy va barqaror (GSS) obligatsiyalarining 75 foizida emitentga daromadni mavjud (qayta moliyalashtirish) loyihalarga yo‘naltirishga ruxsat beriladi. Shu bilan birga, hech bir prospektda daromadlarni qayta moliyalashtirishga ishlatmaslik

[14] https://www.ice.com/insights/sustainable-bond-report-2024

majburiyati yoki shartnoma bo'yicha jarima nazarda tutilmagan. Barqaror obligatsiyalarning 81 foizi (korporativ) va 69 foizi (rasmiy sektor) ikkinchi tomon fikri (second-party opinion) provayderlari tomonidan tasdiqlangan. Ushbu xizmat ko'rsatuvchilar obligatsiyaning barqarorlik standartlariga muvofiqligini tekshirib, investor himoyasini kuchaytiradi.

AQSh tajribasi shuni ko'rsatadiki, barqaror obligatsiyalar bozorini rivojlantirish uchun ixtiyoriy standartlar (masalan, ICMA tamoyillari) va mustaqil tekshiruv (second-party opinion) juda muhim. AQShda SEC to'liq majburiy qoidalarni joriy etmagan bo'lsa-da, bozor ishtirokchilarining o'zini-o'zi tartibga solishi va xalqaro standartlarga ixtiyoriy rioya qilishi keng tarqalgan.

Singapur – Osiyoda barqaror moliyalashtirish va innovatsiyalar markazi

Singapur kichik davlat bo'lishiga qaramay, dunyodagi eng ilg'or moliya markazlaridan biriga aylandi. Uning fond bozorini rivojlantirishdagi asosiy jihatlari:

- Singapur fond birjasi (SGX) – REITlar, forex va derivativlar bo'yicha mintaqaviy lider.
- MAS (Monetary Authority of Singapore) – markaziy bank va moliyaviy nazoratni birlashtirgan organ. MAS innovatsiyalar uchun "regulyativ qum qutisi" (regulatory sandbox) yaratgan.
- Xalqaro ochiqlik – xorijiy investorlar uchun soliq imtiyozlari, vizasiz rejim va ingliz tilidagi qulay muhit.

Singapur ayniqsa barqaror obligatsiyalar va yashil moliya sohasida Osiyoda yetakchi hisoblanadi. Quyidagi ma'lumotlar Osiyo mintaqasiga oid bo'lib, Singapurning mintaqaviy roli yaqqol ko'rinadi:

Osiyoda korporatsiyalar tomonidan barqaror obligatsiyalar emissiyasining umumiy hajmi 2020–2024 yillarda 2015–2019 yillarga nisbatan to'rt baravar, rasmiy sektor esa etti baravar oshgan. Osiyoda yashil obligatsiyalar barcha barqaror korporativ obligatsiyalarning uchdan ikki qismi va rasmiy sektor barqaror obligatsiyalarining yarmini tashkil qilgan[15].

Singapur MAS tomonidan ishlab chiqilgan "Green Bond Grant Scheme" va "Sustainable Bond Grant Scheme" dasturlari orqali yashil obligatsiyalar chiqaruvchilarga sertifikatsiya xarajatlarining bir qismini qoplab beradi. Bu esa kichik va o'rta kompaniyalarga ham barqaror obligatsiyalar chiqarish imkonini yaratadi.

[15]https://www.oecd.org/en/publications/asia-capital-markets-report-2025_02172cdc-en/full-report/sustainable-bonds_21e9a353.html

Natijada, Singapur Osiyoda yashil moliyalashtirishning asosiy markaziga aylandi.

Germaniya – Yevropada barqaror obligatsiyalar bozorining kashshofi

Germaniya an'anaviy ravishda bankka asoslangan moliya tizimiga ega bo'lsa-da, so'nggi o'n yillikda qimmatli qog'ozlar bozorini, ayniqsa barqaror obligatsiyalar yo'nalishida jadal rivojlantirmoqda.

☑ Frankfurt fond birjasi (Deutsche Börse) – Yevropaning eng yirik birjalaridan biri.

☑ BaFin – yagona moliyaviy nazorat organi, qattiq qoidalar va investor himoyasi.

☑ Germaniya 2020-yilda "Green Bond Standard" ni joriy qilgan va Yevropa Ittifoqining Yevropa Yashil obligatsiyalar standarti (EuGB) ga faol hissa qo'shgan[16].

[16] https://www.deutsche-boerse.com/dbg-en/about-us/regulation/regulation-sustainable-finance/csddd

Germaniya misolida muhim jihat shundaki, u erda barqaror obligatsiyalar bozori qonunchilik darajasida mustahkamlangan. Masalan, Germaniya hukumati tomonidan chiqarilgan yashil federal obligatsiyalar (Green Federal Securities) bozor tomonidan ijobiy qabul qilingan va ularning likvidligi an'anaviy obligatsiyalar bilan deyarli tenglashgan. Germaniya tajribasi shuni ko'rsatadiki, davlat tomonidan chiqarilgan benchmark yashil obligatsiyalar butun barqaror obligatsiyalar bozoriga yo'l ko'rsatuvchi bo'lib xizmat qiladi.

Ushbu xorijiy tajribalardan xulosalar va ularning o'zaro bog'liqligi

Uch mamlakat tajribasini va barqaror obligatsiyalar bo'yicha global ma'lumotlarni birlashtirgan holda, quyidagi muhim bog'lanishlar (connections) kelib chiqadi:

1. Zamonaviy qimmatli qog‘ozlar bozorining ajralmas qismi – barqaror moliyaviy vositalar. AQSh, Singapur va Germaniya misolida ko‘rganimizdek, yashil va ijtimoiy obligatsiyalar endi ixtisoslashgan “nish” emas, balki asosiy bozor segmentiga aylanmoqda. 2024-yilga kelib, jami chiqarilgan barqaror obligatsiyalar hajmi 4,6 trillion dollardan oshdi.

2. Standartlashtirish va tekshiruv – investor ishonchining kaliti. ICMA standartlaridan foydalanish (global miqyosda 93%) va ikkinchi tomon fikri provayderlari tekshiruvi (81%) investorlarni firibgarlikdan himoya qiladi. Germaniya va Singapur bu borada qonunchilik va grant dasturlari bilan qo‘shimcha himoya yaratgan.

3. Qayta moliyalashtirish masalasi. Tekshirilgan obligatsiyalarning 75 foizi mavjud loyihalarni qayta moliyalashtirishga ruxsat beradi, biroq hech bir

prospektda buning uchun jazo choralari ko‘rsatilmagan. Bu esa “yashil yuvish” (greenwashing) xavfini tug‘diradi. AQSh va Yevropa (Germaniya) bu borada qattiqroq oshkor qilish talablarini joriy etish ustida ishlamoqda.

4. Hech qanday “yashil premium” statistik jihatdan isbotlanmagan – ya’ni barqaror obligatsiyalar odatdagi obligatsiyalarga nisbatan arzonroq yoki qimmatroq bo‘lmaydi. Bu shuni anglatadiki, emitentlar barqaror vositalarni faqat obro‘ uchun emas, balki real investor talabi tufayli chiqaradi.

5. Taksonomiyalar (tasniflar) hal qiluvchi rol o‘ynaydi. Climate Bonds Taxonomy va Xitoy Yashil Taksonomiyasi eng ko‘p qo‘llanilgan. O‘zbekiston o‘zining milliy yashil taksonomiyasini ishlab chiqishda aynan shu xorijiy tajribalarga tayanishi mumkin.

Demak, taksonomiya – nafaqat nazariy tasnif, balki qimmatli qog‘ozlar bozorida barqaror moliyaviy vositalarni joriy etishning amaliy asosidir. AQSh, Singapur va Germaniya tajribasi shuni ko‘rsatadiki, aniq va xalqaro standartlarga mos keladigan milliy taksonomiya investor ishonchini oshiradi, “yashil yuvish” (greenwashing) xavfini kamaytiradi va xorijiy kapitalni jalb qilishni yengillashtiradi. Shu sababli, O‘zbekiston uchun eng dolzarb vazifa – o‘zining yashil taksonomiyasini ishlab chiqishda Climate Bonds Taxonomy, ICMA tamoyillari va Yevropa Ittifoqi taksonomiyasidan tanlab moslashtirish (selective adaptation) orqali mahalliy iqtisodiyot va qonunchilikka mos keladigan mustaqil tizimni yaratishdir. Bu esa, o‘z navbatida, Toshkent fond birjasini mintaqaviy barqaror moliya markaziga aylantirish sari muhim qadam bo‘ladi.

4. Qimmatli qog‘ozlar bozorining O'zbekiston amaldagi holati

O‘zbekiston qimmatli qog‘ozlar bozorining holati haqida so‘z yuritar ekanmiz, avvalo 2026-yilning dastlabki uch oyi yakunlari bo‘yicha qayd etilgan yalpi ko‘rsatkichlarga nazar tashlash lozim. Yanvar–mart oylarida fond bozorida jami qiymati 2,06 trillion so‘m (taxminan 168,96 million AQSH dollari) bo‘lgan 175 193 ta bitim ro‘yxatga olindi. Shu davr mobaynida muomalada 74 ta emitentning 15,88 milliard dona qimmatli qog‘ozlari ishtirok etdi. Bu raqamlar bozor likvidligi va ishtirokchilar sonining sezilarli darajada kengayganini ko‘rsatmoqda.

Mazkur ko‘rsatkichlar o‘tgan yilning ayni davri bilan solishtirilganda esa o‘sish sur’atlarining naqadar yuqori ekanligi yaqqol namoyon bo‘ladi. 2025-yilning birinchi choragiga nisbatan bitimlar soni 53,26 foizga, bitimlar hajmi esa 37,25 foizga oshgan. Bitimlar sonining hajmga qaraganda tezroq ortishi bozorga nisbatan kichikroq summali, lekin ko‘p sonli ishtirokchilar – birinchi navbatda jismoniy shaxslar – faol kirib kelayotganidan darak beradi. Hajmning qariyb 40 foizga yaqin o‘sishi esa institutsional investorlar va yirik bitimlar ulushi ham ortib borayotganini ko‘rsatadi.

Chorak ichidagi oylik faollikni kuzatar ekanmiz, eng yuqori savdo aylanmasi fevral oyida qayd etilgani va uning hajmi 1,45 trillion so‘mga yetgani alohida e’tibor tortadi. Bu degani, choraklik umumiy hajmning katta qismi ayni shu bir oyga jamlangan. Fevral oyidagi bunday yuqori ko‘rsatkichning asosiy manbayi esa “Main Board” asosiy savdo maydonchasining “Bond Market” – ya’ni obligatsiyalar bozori segmenti bo‘ldi. Mazkur segmentdagi savdolar hajmi 1,42 trillion so‘mni tashkil etib, fevral oyidagi umumiy aylanmaning 97,98 foizini o‘ziga oldi. Boshqacha aytganda, fevral oyida fond bozori deyarli to‘liq obligatsiyalar savdosi hisobiga ishladi, aksiyalar bozoridagi faollik esa shu oy davomida juda past darajada qoldi. Ayni shu fevral oyi ichida eng yirik bitimlar 3-fevral kuni ro‘yxatga olinib, ularning bir kunlik yig‘indi hajmi 1,01 trillion so‘mga yetdi. Shu bilan bir qatorda, birinchi chorak davomida eng past kunlik hajm 1-yanvar kuni qayd etildi – 439,17 million so‘m.

Obligatsiyalar bozorining bunday hukmron mavqyega ega bo‘lishi O‘zbekiston qimmatli qog‘ozlar bozori amaliyotidagi muhim tarkibiy xususiyatni ochib beradi. Bozorda likvidlik va yuqori hajmdagi operatsiyalar asosan qarzdorlik qimmatli qog'ozlari[17] atrofida jamlanmoqda. Bunga davlat obligatsiyalarining muntazam va yirik hajmlarda joylashtirilishi, tijorat banklarining obligatsion dasturlari hamda institutsional investorlarning aynan shu segmentga yuqori qiziqishi sabab bo'lmoqda. Nisbatan past risk va barqaror daromadlilik obligatsiyalarni aksiyalarga nisbatan ko'proq talabgor qilmoqda. Shu bilan birga, bitimlar umumiy sonining keskin oshib borayotgani bozorga kengroq aholi qatlamining, jumladan chakana investorlarning jalb qilinayotganidan guvohlik beradi.

[17] Qarzdorlik qimmatli qog'ozlari - bu emitentning investor oldidagi qarzini tasdiqlovchi hujjatlar: davlat obligatsiyalari, korporativ obligatsiyalar, bank obligatsiyalari. Ular egasiga oldindan kelishilgan foiz to'lovi va muddat oxirida asosiy summaning qaytarilishini va'da qiladi.

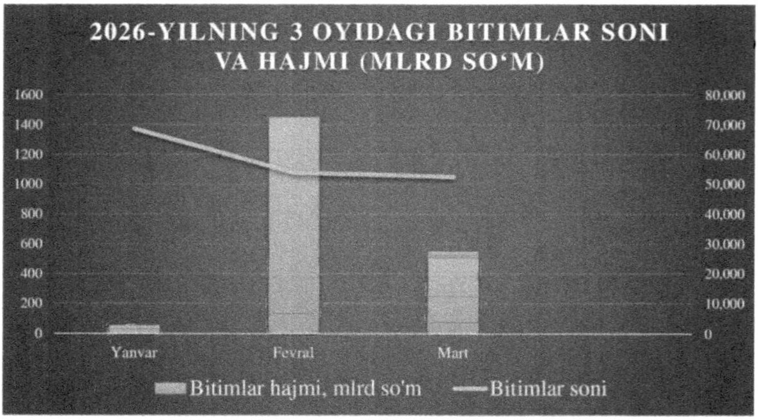

1-diagramma. Toshkent fond birjasi ma’lumotlari asosida muallif tomonidan tayyorlandi.

Tarmoqlar kesimida nazar solsak, hisobot davrida, ya’ni 2026-yilning yanvar–mart oylarida, birja savdolari iqtisodiyotning 14 ta turli tarmog‘iga mansub emitentlar qimmatli qog‘ozlari bilan amalga oshirildi.

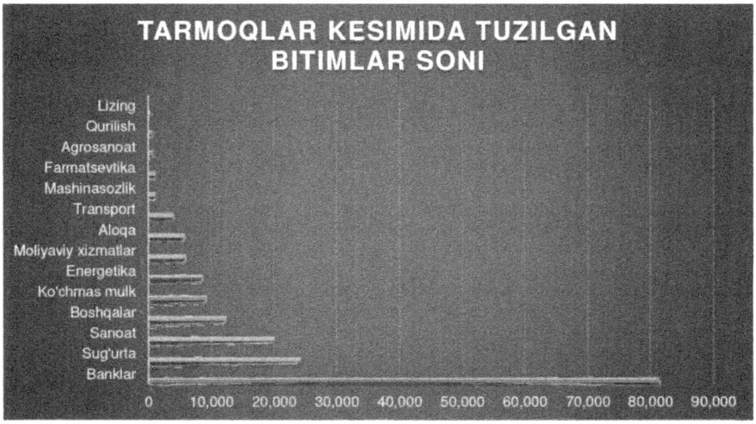

2-diagramma. Toshkent fond birjasi ma'lumotlari asosida muallif tomonidan tayyorlandi.

Berilgan ma'lumotlardan ko'rishimiz mumkinki, fond bozoriga jalb etilgan korxonalar doirasi ancha kengaygan, faqat an'anaviy yirik sohalarnigina emas, balki turli yo'nalishdagi kompaniyalar ham kapital jalb qilishga kirishayotganini ma'lumotlarda o'z aksini topgan. Shu 14 tarmoq orasidan eng yuqori faollik bank va sug'urta sohalari hissasiga to'g'ri keldi. Ayniqsa, bank sohasi yetakchilik qildi: bank emitentlari qimmatli qog'ozlari bo'yicha jami 81 363 ta bitim tuzildi va bu raqam butun birja bo'yicha qayd etilgan bitimlar sonining 46,44 foizini tashkil etdi. Boshqacha aytganda, birjadagi deyarli har ikkinchi oldi-sotdi amaliyoti aynan bank sektoriga tegishli qimmatli qog'ozlar bilan bog'liq bo'ldi.

Bitimlarning qiymat ifodasiga nazar tashlasak, bank sektorining ustunligi yanada yaqqolroq ko'zga tashlanadi. Butun birja bitimlari umumiy hajmining 58,76 foizi, ya'ni yarmidan ko'prog'i bank sektori qimmatli qog'ozlari hisobiga amalga oshdi. Mazkur tarmoq emitentlarining qimmatli qog'ozlari bo'yicha tuzilgan bitimlar qiymati 1,21 trillion so'mga yetdi, bu esa bank sektorini nafaqat bitimlar soni, balki savdo aylanmasi jihatidan ham bozorning yetakchi kuchiga aylantirgan. Shuningdek, sug'urta kompaniyalari ham shu yuqori faollik ko'rsatgan guruhda ekani moliyaviy sektorning fond bozoridagi hozirgi markaziy rolini tasdiqlaydi.

Boshqa tarmoqlar emitentlarining qimmatli qog'ozlari bo'yicha amalga oshirilgan bitimlar hajmi esa 439,92 milliard so'mni tashkil etib, umumiy birja aylanmasidan 21,32 foiz ulushga ega bo'ldi. Bu ko'rsatkich bank sektori egallagan salmoqli ulush bilan solishtirganda, qolgan 13 ta tarmoqning yig'ma hissasi ancha kamtarona ekanini ko'rsatadi. Tarmoqlararo tafovutlarning eng past nuqtasi farmatsevtika va lizing sohalarida qayd etildi. Farmatsevtika sektoridagi bitimlar hajmi bor-yo'g'i 81,08 million so'mni, lizing sohasidagi bitimlar esa atigi 5,46 million so'mni tashkil etdi. Bu raqamlar ushbu sohalarda qimmatli qog'ozlar bozori orqali mablag' jalb etish yoki ularning qog'ozlari bilan savdo qilish amaliyoti hali juda boshlang'ich darajada ekanidan darak beradi.

Aksiyalar bozoridagi savdolar ko‘rinishiga e’tibor qaratadigan bo‘lsak, hisobot choragida “Stock Market” aksiyalar bozorida amalga oshirilgan bitimlarning umumiy hajmi 264,38 mlrd so‘mni tashkil etdi, bu taxminan 21,70 mln AQSH dollariga teng bo‘lib, butun birja savdolari hajmining atigi 12,81 foizini tashkil qiladi. Aksiyalar bozori hajmining obligatsiyalar bozoriga nisbatan ancha kichikligi yana bir bor o‘z tasdig‘ini topdi. Oylar kesimida eng yuqori hajm mart oyida kuzatilib, shu oyning o‘zida 220,31 mlrd so‘mlik aksiyalar oldi-sotdi qilindi. Bu raqam “Stock Market”dagi butun choraklik umumiy hajmning 83,33 foizini o‘ziga singdirgani diqqatga sazovor. Demak, aksiyalar bozoridagi faollik asosan mart oyida konsentratsiyalashgan, yanvar va fevral oylari esa nisbatan sust o‘tgan. Mart oyi ichida esa maksimal kunlik hajm 24-mart kuni qayd etilib, shu kunning o'zida bitimlar qiymati 190,46 mlrd so'mga yetgan. Aynan shu sana atrofida yirik aksiyalar paketlarining oldi-sotdisi yoki muhim narx o'zgarishlari kuzatilgan bo'lishi ehtimoldan xoli emas. Shu bilan birga, aksiyalar bozoridagi eng past kunlik hajm 6-mart kuni 235,16 mln so'm miqdori bilan qayd etildi – bu kun savdo hajmi maksimal kunga nisbatan qariyb 800 barobar kam bo'lgani keskin tebranishlardan dalolat beradi.

Bitimlar soni bo'yicha oladigan bo'lsak, eng ko'p operatsiyalar 19-yanvar kuni amalga oshirilgan – 5 170 ta bitim. Yanvar oyining o'rtalarida birjadagi ishtirokchilarning aksiyalar bilan bog'liq kichik, ammo ko'p sonli amaliyotlari yuqori cho'qqiga chiqqan. Aksincha, eng kam bitimlar soni 3-fevral kuni – atigi 1 017 ta bitim – kuzatilgan. Qizig'i shundaki, aynan 3-fevral kuni butun birja bo'yicha eng yirik umumiy bitim hajmi (1,01 trln so‘m) qayd etilgan edi, ya’ni aksiyalar bozorining o‘sha kundagi sustligi fonida asosiy likvidlik obligatsiyalar segmentiga oqib o‘tgan.

Aksiyalar bozori bo‘yicha choraklik o‘rtacha ko‘rsatkichlarga nazar tashlansa, kunlik o‘rtacha bitimlar soni 2 869 tani, o‘rtacha kunlik bitimlar hajmi 4,48 mlrd so‘mni tashkil etgan. Savdo qilinadigan qimmatli qog‘ozlarning o‘rtacha kunlik miqdori esa 269,13 mln donaga teng bo‘lgan. Bu raqamlar aksiyalar bozorida muntazam, ammo obligatsiyalar bozoridagiga nisbatan ancha mayda va tarqoq savdo faolligi mavjudligini anglatadi. Shuningdek, o‘rtacha kunlik hajmning 4,48 mlrd so‘m ekanligi, lekin mart oyidagi anomal yuqori ko‘rsatkichlar fonida, qolgan kunlarda savdo hajmi undan ham pastroq bo‘lganini ko‘rsatadi.

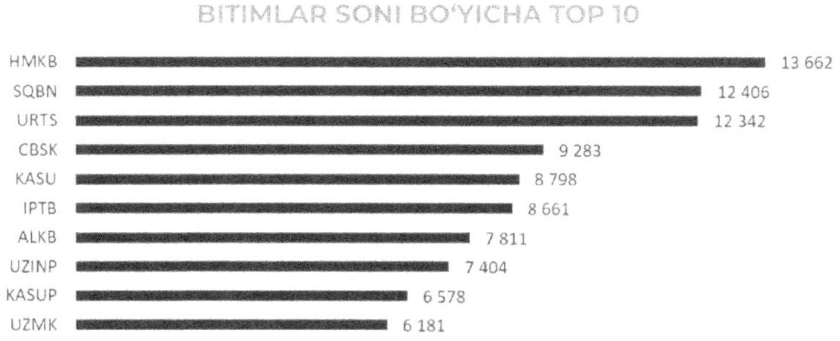

1-rasm[18].

Eng ko'p bitimlar "Hamkorbank" ATB (HMKB) aksiyalari bo'yicha amalga oshirilib, ularning soni 13 662 taga yetdi. Bitimlar soni bo'yicha keyingi pog'onalarni "O'zsanoatqurilishbank" ATB (SQBN) va "O'zRTXB" AJ (URTS) aksiyalari egalladi, ular bo'yicha mos ravishda 12 406 va 12 342 ta oldi-sotdi amaliyoti qayd etildi. Eng ko'p bitim tuzilgan qimmatli qog'ozlar o'ntaligini "Kapital sug'urta" AJ (KASUP) imtiyozli aksiyalari hamda "O'zmetkombinat" AJ (UZMK) oddiy aksiyalari yakunladi — ular

---

[18] uzse.uz- statistik ma'lumotlari

bo‘yicha qayd etilgan bitimlar soni mos ravishda 6 578 va 6 181 tani tashkil qildi.

ENG YUQORI LIKVIDLI 10 TA QIMMATLI QOG‘OZNING BOZOR NARXLARIDAGI O‘ZGARISHI

Tiker	Emitent nomi	30.12.2025 yildagi yopilish narxi	31.03.2026 yildagi yopilish narxi	Narxlar o'zgarishi	Yopilish narxi dinamikasi
IPTB	"Ipoteka-bank" ATIB	1,26	3,81	202,38%	
SQBN	"O'zsanoatqurilishbank" ATB	10,97	32,43	195,62%	
KVTS	"Kvarts" AJ	990	2 700,00	172,73%	
UZMK	"O'zmetkombinat" AJ	2 999,99	6 175,88	105,86%	
QZSM	"Qizilqumsement" AJ	760	1 490,02	96,06%	
CBSK	"Chilonzor buyum savdo kompleksi" AJ	2,6	3,7	42,31%	
HMKB	"Hamkorbank" ATB	43	56,2	30,70%	
URTS	"O'zRTXB" AJ	6 249,99	7 675,00	22,80%	
AGMKP	"Olmaliq KMK" AJ	8 500,00	10 300,00	21,18%	
UZINP	"Uzbekinvest" AJ	1 499,00	1 699,99	13,41%	

2-rasm

2-rasmda 2026-yil birinchi choragida eng yuqori likvidli o‘nta qimmatli qog‘ozning bozor narxlaridagi o‘zgarish aks ettirilgan. Mazkur qimmatli qog‘ozlarning barchasi 2025-yil 30-dekabrdan 2026-yil 31-martgacha bo‘lgan davrda ijobiy narx dinamikasini namoyon qilgan. O‘sish ko‘lami esa qog‘ozdan qog'ozga keskin farq qilgan: eng past o'sish 13,41 foizni ("O'zbekinvest" AJ, UZINP), eng yuqori o'sish esa 202,38 foizni ("Ipoteka-bank" ATIB, IPTB) tashkil qilgan. Bu farq bozor ishtirokchilarining turli emitentlar istiqboliga turlicha baho berayotganidan dalolat beradi.

Ro'yxatning yuqori pog'onalarini bank sektori va qurilish materiallari ishlab chiqaruvchilari egallagani diqqatga sazovor. "Ipoteka-bank" ATIB aksiyalari narxi 1,26 so'mdan 3,81 so'mga ko'tarilib, qariyb 202 foizlik o'sish qayd etgan. "O'zsanoatqurilishbank" ATB aksiyalari ham deyarli uch baravar qimmatlab, 10,97 so'mdan 32,43 so'mga chiqqan (o'sish 195,62%). Ushbu ikki bank qog'ozining narxlari chorak davomida ikki baravardan ko'proq oshgani investorlar nazarida aynan mazkur banklarning strategik istiqboli yoki xususiylashtirish jarayonlari bilan bog'liq kuchli kutishlar mavjudligiga ishora qiladi. Ularning orqasidan "Kvars" AJ aksiyalaridagi 172,73 foizlik o'sish (990 so'mdan 2 700 so'mga), "O'zmetkombinat" AJ aksiyalaridagi 105,86 foizlik o'sish (2 999,99 so'mdan 6 175,88 so'mga) va "Qizilqumsement" AJ qimmatli qog'ozlaridagi 96,06 foizlik o'sish (760 so'mdan 1 490,02 so'mga) keladi. Bu yerda sanoat va qurilish materiallari sektoridagi korxonalarning yuqori o'sish sur'atlari iqtisodiyotdagi ishlab chiqarish faolligi hamda investitsion talabning kuchayib borayotgani bilan bog'liq bo'lishi mumkin.

Nisbatan mo'tadilroq, ammo barqaror o'sish ko'rsatgan qog'ozlar qatorida "Chilonzor buyum savdo kompleksi" AJ (42,31%), "Hamkorbank" ATB (30,70%), "O'zRTXB" AJ (22,80%) va "Olmaliq KMK" AJ (21,18%) aksiyalari turadi. Ayniqsa, "Hamkorbank" aksiyalari birja savdolarida bitimlar soni bo'yicha yetakchi o'rinlardan birini egallagan holda 30 foizdan ortiq narx o'sishiga erishgani uning chakana investorlar orasidagi barqaror talabini ko'rsatadi. "O'zbekinvest" AJ aksiyalari esa 13,41 foizlik o'sish bilan ro'yxatdagi eng kam, lekin baribir musbat o'zgarishga ega bo'lgan qimmatli qog'oz sifatida ajralib turadi.

Umuman olganda, ushbu o'ntalikdagi qimmatli qog'ozlar narxlarining bir xil ijobiy yo'nalishda harakat qilishi 2026-yil birinchi choragida O'zbekiston aksiyalar bozorida umumiy ko'tarilish tendensiyasi hukm surganini bildiradi. Shu bilan birga, o'sish foizlarining bir necha baravargacha farq qilishi investorlar e'tibori muayyan tarmoq va emitentlarga konsentratsiyalashganini, bozorda hali to'liq diversifikatsiyalashgan talab shakllanmaganini ko'rsatadi.

Endi obligatsiya bozori savdosi bo‘yicha choraklik o‘rtacha ko‘rsatkichlarga nazar tashlansa esa, 9 ta emitentga tegishli jami 995 851 dona obligatsiya ishtirokida 1,80 trillion so‘mlik 5 922 ta bitim amalga oshirilganini bilishimiz mumkin. “Repo Nego Board” savdo maydonchasida esa umumiy qiymati 952,90 ming so‘mga teng bo‘lgan 2 ta bitim qayd etildi. Savdo hajmi jihatidan qarz qimmatli qog‘ozlar bozorida yetakchilik “Asakabank” AJ (ASAK4B5) obligatsiyalariga tegishli bo‘lib, ular bo‘yicha bitimlar 1,00 trillion so‘mni tashkil etdi. Bu summa “Bond Market” asosiy maydonchasidagi obligatsiyalar savdolarining umumiy hajmidan 55,58 foiz ulushga teng. Muomalada mazkur emitentning 2 000 dona obligatsiyasi qatnashdi va har bir obligatsiyaning narxi 500,00 million so‘m darajasida belgilandi. Bitimlar soni bo‘yicha eng yuqori ko‘rsatkich “AGAT CREDIT”

MCHJ (ACMT1B) obligatsiyalarida kuzatilib, 1 657 taga yetdi(3-rasm).

3-rasm. Emitentlar bo‘yicha obligatsiyalar bilan tuzilgan bitimlar hajmi va soni(Toshkent fond birjasi ma’lumotlari)

Emitent	Savdolar soni	Q.Q. soni	Savdolar hajmi, so'm
AGAT CREDIT	3 845	484 923	48 777 593 111
ASIA ALLIANCE BANK	1	40	40 000 000
BIZNES FINANS MIKROMOLIYA TASHKILOTI	906	126 331	12 768 998 340
CONTACT FINANCE	920	72 123	7 227 915 541
IMKON FINANS MIKROMOLIYA TASHKILOTI	170	3 774	3 776 646 127
MAKESENSE	21	1 627	421 265 479 455
MIKROFINANCE ORGANIZATION DELTA	55	5 047	5 335 696 597
MORTGAGE REFINANCING COMPANY OF UZBEKISTAN	5	300 000	300 000 000 000
ASAKABANK	1	2 000	1 000 000 000 000
Jami	**5 924**	**995 865**	**1 799 192 329 169**

Shuningdek, ayni emitentning ACMT2B4 obligatsiyalari bo‘yicha 1 389 ta bitim tuzildi. Ushbu bitimlarning hajmi mos ravishda 3,86 milliard so‘m va 40,41 milliard so‘mni tashkil etdi. Obligatsiyalarning umumiy bozor qiymati 2025-yil 31-dekabr holatiga nisbatan 1,62 trillion so‘mga yoki 65,96 foizga oshib, 4,08 trillion so‘mni (333,92 million

AQSH dollari) tashkil qildi. Hisobot davri yakunida obligatsiya instrumentlari soni 30 taga yetdi(4-rasm).

4-rasm. Obligatsiyalar kartasi(Toshkent fond birjasi ma’lumotlari)

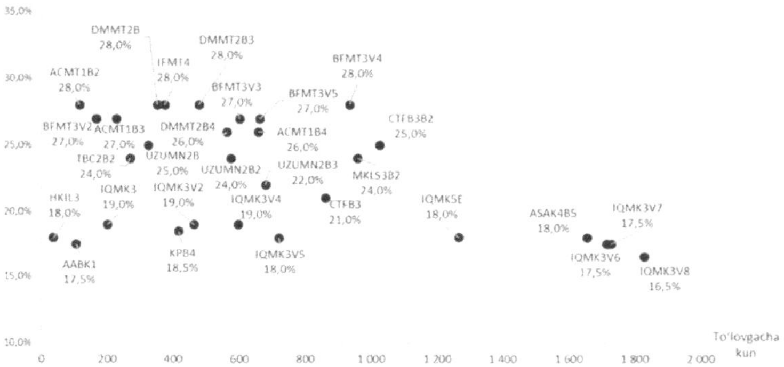

Shunday qilib, 2026-yilning dastlabki choragida O‘zbekiston qimmatli qog‘ozlar bozorining amaldagi holati bir nechta muhim yo‘nalishlarni yaqqol namoyon qildi. Birja aylanmasining qariyb to‘liq qismi obligatsiyalar segmentida jamlangan bo‘lsa, aksiyalar bozori nisbatan kichik, ammo o‘sib borayotgan ulush bilan ifodalanmoqda. Bank sektori emitentlari bitimlar soni va qiymati bo‘yicha yetakchilikni qo‘lda ushlab turibdi, shu bilan birga qurilish materiallari, sug‘urta va boshqa tarmoqlar ham savdo maydonida o‘z o‘rnini izlamoqda. Narx dinamikasiga nazar tashlansa, yuqori likvidli aksiyalarning barchasi ijobiy o‘zgarish ko‘rsatgan, biroq o‘sish foizlari orasidagi katta tafovut investorlar qiziqishining hali tor doirada ekanini sezdirib turadi. Chakana investorlar sonining ortishi, yangi obligatsiya instrumentlarining muomalaga chiqishi va savdo hajmining o‘tgan yilga nisbatan sezilarli darajada kengayishi esa bozor infratuzilmasi hamda ishtirokchilar bazasi izchil mustahkamlanib borayotganini ko‘rsatadi. Mazkur manzara O‘zbekiston fond bozori shakllanish yo‘lida jadal qadamlar tashlayotgan, hozircha qarz vositalari ustunlik qilayotgan, ammo aksiyalar bozorining ham o‘z rivojlanish yo‘nalishi mavjud bo‘lgan murakkab va ko‘p qatlamli jarayon ekanligini aks ettiradi.

5. Qimmatli qog‘ozlar bozorini rivojlantirishdagi muammolar va ularning yechimlari

Tijorat banklarining mamlakatimiz qimmatli qog'ozlar bozorida tutgan alohida mavqei shundan iboratki, ular boshqa xo'jalik yurituvchi sub'ektlardan farqli ravishda, ushbu bozorning malakali ishtirokchisi sifatida bir vaqtning o'zida bir necha xildagi vazifalarni bajarishi mumkin.

Fikrimizcha milliy qimmatli qog'ozlar bozorida tijorat banklarining operatsiyalarini takomillashtirish uchun quyidagilarni amalga oshirish maqsadga muvofiqdir.

Xalqaro amaliyotda bozor iqtisodiyoti rivojlangan mamlakatlarda anderraytingni amalga oshirish uchun investitsiya kompaniyalari emissiya sindikatlariga qimmatli qog'ozlar nashrini va uning kafolatli joylashtirilishini tashkil etuvchi anderrayterlar guruhiga birlashishlari mumkin. Xuddi shu amaliyotni ijobiy va salbiy tomonlarini chuqur o'rganib chiqqan holda mamlakatimizdagi qimmatli qog'ozlar bozoridagi qonunchilikka moslagan holda tijorat banklarini anderrayting operatsiyalarini amalga oshirishni amaliyotga kiritish hamda banklar o'rtasida emissiya sindikatlarini tashkil etish lozim.

Buning natijasida respublikamizdagi aktsiyadorlik jamiyatlari tomonidan muomalaga aktsiyalar va korporativ obligatsiyalarni chiqarish hamda ularni sarmoyadorlar o'rtasida joylashtirish ishlari jadallashadi. Buning natijasida milliy fond bozorini rivojlantirishda tijorat banklarining operatsiyalari yanada kengayadi deb hisoblaymiz.

Jahon tajribasi yaqqol ko'rsatib turibdiki, qimmatli qog'ozlar bozorida samarali va egiluvchan qonunchilik yordamida odil qoidalarni yaratish, bozor ishtirokchilarining bu qoidalarni rioya qilishini nazorat qilish, qolaversa ularni o'z vaqtida va to'g'ri boshqarish - milliy qimmatli qog'ozlar bozorini barqaror rivojlanishini ta'minlab beradi.

Agarda mamlakatimiz qimmatli qog'ozlar bozorida bank faoliyatining me'yoriy-huquqiy boshqarilishi darajasini bozor iqtisodiyoti rivojlangan davlatlardagi bu borada erishilgan darajasi bilan taqqoslaydigan bo'lsak, O'zbekiston qimmatli qog'ozlar bozoridagi me'yoriy-huquqiy bazaning zamonaviy holatini birlamchi shakllanish bosqichlarida deb izohlash mumkin.

Bu borada me'yoriy-huquqiy hujjatlarni ishlab chiqish va joriy qilish O'zbekiston Respublikasida ikki asosiy yo'nalishda amalga oshirilmoqda:

- qabul qilingan me'yoriy hujjatlarni mukammal, mamlakatning zamonaviy iqtisodiy rivojlanish talablariga javob beradigan yangi hujjatlarga almashtirish;

- u yoki bu iqtisodiy munosabatlarni qonuniy tartibga solish borasida qimmatli qog'ozlar bozoridagi bank faoliyatining yangi turlari bo'yicha hujjatlarni qabul qilish.

Milliy qimmatli qog'ozlar bozorining hozirgi zamon huquqiy bazasini yaratish bosqichlarida qonunchilikni ishlab chiqish va yangilashda tizimli yondoshishni, hamda qonun tarkibini tartibga solish va tizimlashtirish bo'yicha ishlar olib borishni talab qilmoqda. U O'zbekistonda oxirgi 10 yil ichida moliyaviy faoliyatning ushbu muhim sohasini rivojlantirishga qaratilgan qator qonunlar, Prezident farmonlari ishlab chiqildi va amaliyotga tadbiq qilindi.

Ushbu hujjatlarni amaliyotga tadbiq etish qator tadbirlarni amalga oshirish uchun huquqiy bazaning yaratilishiga asos bo'ldi. Jumladan:

— depozitar, hisob-kliring faoliyati, banklarning qimmatli qog'ozlar bilan operatsiyalarini birjadan tashqari savdosining elektron tizimini tartibga solish;

— tijorat banklari faoliyatini mukammallashtirish;

— litsenziyalash yo'li bilan professional ishtirokchilarga talablarni oshirish;

— mutaxassislarni elektron testdan o'tkazish;

— bank kapitalini boshqarish;

— iqtisodiy sanktsiyalarni rasmiylashtirish va qo'llash.

Hozirgi vaqtga kelib O'zbekistan Respublikasida qimmatli qog'ozlar bozorini tartibga solish bo'yicha me'yoriy-huquqiy asos yaratilgan bo’lsada, milliy qimmatli qog’ozlar bozorida tijorat banklari faoliyatini tartibga solish sohasida qonunchilik ijrosidagi ishlarning kamchiliklari va mavjud imkoniyatlarning ishlatilmayotganligi uchrab turibdi.Qilingan tadqiqotlar shuni ko’rsatmoqdaki, qimmatli qog’ozlar bo’yicha qonunchilik mamlakat tijorat banklarining barchasi tomonidan rioya qilinmayapti.

O’zbekiston Respublikasining «Qimmatli qog’ozlar bozorida investor huquqlarini himoya qilish to’g’risida»gi Qonuni qabul qilinganiga qaramasdan, alohidahududlar va sohalar bo’yicha hali hozirgacha investorlarning huquqlari to’liq himoya qilingani yo’q. Bu ayniqsa dividendlarni o’z vaqtida va to’liq to’lanishida, qimmatli qog’ozlar egalari huquqlarini hisobga olishda, emitentning moliyaviy ahvoli haqidagi axborotni olishda namoyon bo’lmoqda.

Ko'pchilik investorlar, ularning huquqlari va qonuniy manfaatlariga nisbatan noqonuniy xatti-harakatlarsodir etilganda har doim ham o'zlarining qonuniy huquqlari va emitentning javobgarligi to'g'risida ob'ektiv axborotga ega bo'la olmayaptilar.

Milliy qimmatli qog'ozlar bozorining amal qilishidagi me'yoriy-huquqiy baza undagi huquqbuzar qatnashchilarning javobgarliklarini aniq belgilab qo'ygan bo'lsada, investor huquqlarini himoya qilish mexanizmini to'liq amal qilishini har doim ham ta'minlay olmayapti. Qimmatli qog'ozlar bozorida huquq buzarlikni oldini olish va unga qarshi chora ko'rishning aniq klassifikatsiyalangan yuridik mexanizmi yaratilmagan.

Yaponiya tajribasini hisobga olib, bizning mamlakatda investorlarga qarshi sodir etilayotgan ham davlat, ham nodavlat tashkilotlarining ma'sul shaxslari tomonidan jinoyatlarning javobgarligini oshirish lozim. Shuningdek, bunga aktsionerlarning qonuniy huquqlarini amalga oshirilishida bilib turib to'sqinlik qillinishini ham kiritish mumkin.

Investorlarni qo'shimcha ravishda himoya qilish maqsadida ularning mulkiymanfaatlarini himoya qilishning Yaponiya tajribasini o'rganishni tashkil qilib, investorlar sug'urtasini rivojlantirish va kompensatsiyalash mexanizmlarini yaratish masalalarini - ishlab chiqish maqsadga muvofiq deb o'ylaymiz. Samarali kompensatsiyalash mexanizmlarini yaratish investorlarning bank qimmatli qog'ozlariga qo'yilmalariga bo'lgan ishonchini mustahkamlaydi hamda umuman qimmatli qog'ozlar bozoriga ham ichki, ham xorijiy investorlarning qiziqishini ortishiga olib keladi deb uylaymiz. Bu borada o'rganilgan Yaponiya tajribasini hisobga olib, O'zbekiston Respublikasida investor manfaatlarini himoya qilishning sug'urtalash va kompensatsiyalash mexanizmlarini yaratishning ikki variantini keltiramiz:

1. Bozorning professional ishtirokchilari - o'z-o'zini boshqaruvchi, mustaqil assotsiatsiya a'zolari tomonidan to'langan badallar natijasida fondlar tashkil qilinadi. Bu fondlar assotsiatsiya ixtiyorida bo'lib, uning biron-bir a'zosi tomonidan investorlarga etkazgan zarari qoplanib beriladi.

2. Alohida printsiplar asosida, qimmatli qog'ozlar bozorining barcha professional ishtirokchilarining mijozlariga kompensatsiya to'lovlarini ta'minlab beruvchi, investorlarning mulkiy manfaatlarini umumdavlat himoyalash tizimini yaratish yo'li bilan investorlar uchun kompensatsiyalash mexanizmini ishlab chiqish. Ushbu fondni boshqarish ham nodavlat, ham notijorat tashkiloti orqaliamalga oshirilishi lozim. U, fonddan kompensatsiyani taqdim

etish qoidalarini belgilaydi hamda zarar ko'rgan investorlarga kompensatsiya to'lovlarni amalga oshiradi.

Investorlarning milliy qimmatli qog'ozlar bozoriga bo'lgan qiziqishi o'sishini ta'minlash maqsadida quyidagilarni amalga oshirishni shakllantirish(rivojlantirish) lozim:

a) investorlar emitent-zayom oluvchining tahminiy loyihasidan bo'lgan riskva investitsiya rejalarini to'liq yoritib beruvchi asosiy hujjat bo'lmish qimmatli qog'ozlar emissiyasining standartlashtirilishi;

b) investorlarga emitent-zayom oluvchi tomonidan jamg'armalarni boshqarish samaradorligi va investitsiya daromadliligini istiqbollarining ishonchliligini nazorat qilish borasida emitentlarning joriy hisobotini standartlashtirish.

Qisqa muddatli istiqbolda qimmatli qog'ozlar bozorining axborot shaffofligini ta'minlash va axborotni taqdim etish masalasining muhimligi hamda kompleksliligini e'tiborga olgan holda quyidagilarni amalda qo'llash mumkin:

1. Emitentlar va qimmatli qog'ozlar bozorining qatnashchilariga oid axborotni oshkoralashtirish masalasiga doir me'yoriy-huquqiy bazani takomillashtirish;

2.Axborot agentliklari, OAV, konsultatsiya beruvchi firmalar va qimmatli qog'ozlar bozorida qatnashuvchi chet el investorlar o'rtasidagi tegishli ma'lumotlarni axborot bozoriga taqdim etish va muayyan investorlarni ta'minlash masalalari bo'yicha hamkorlik darajasini oshirish.

Hozirgi davrda qimmatli qog'ozlar bozorida axborotni oshkora etishga qaratilgan muhim normativ-huquqiy bazaning yaratilishiga qaramay investorlarning mamlakat bozorida olib borayotgan faolliyatining sustligi emitentva savdo tizimiga oid axborotning etarli emasligi bilan ifodalanadi.

O'zbekistonda aktsiyadorlik jamiyatlar faoliyati haqidagi ma'lumotlarning aktsiyadorlar va potentsial investorlar uchun yopiqligini e'tiborga olib hamda kompaniyalarning faoliyati va moliya-xo'jalik ahvolining shaffofligini ta'minlash maqsadida investorlar bilan amaldagi o'zaro munosabatlarni rivojlantirish zarur.

Ushbu sohada mavjud bo'lgan xalqaro tajribaga tayanib uylaymizki, milliy bozorimizda investorlar bilan aloqalarni rivojlantirish borasidagi chora tadbirlar quyidagi ko'rinishda amalga oshirilsa maqsadga muvofiq bo'lar edi:

1. Kompaniya faoliyati to'g'risida tahliliy-axborot ma'lumotlarni tayyorlash va tarqatish (yillik hisobotlar, press-relizlar va matbuot nashrlari);

2. Kompaniya rahbariyati hamda investitsiya birlashmalari bilan uchrashuvlar va internet-konferentsiyalarni o'tkazish;

3. Kompaniya va uning faoliyatini internetda yoritish borasida axborot va ma'lumotlarni joylashtirish.

Aktsiyalarga bo'lgan ehtiyojni, bu degani kompaniyaga mablag'larni jalb etish, uning emitentlari va aktsiyalari to'g'risidagi ma'lumotlarni gazeta, radio va televidenie yordamida reklamalarni joylashtirish orqali erishiladi.

Yuqorida qayd etilgan tavsiyalarni amalga oshirish bilan birga O'zbekistonda qimmatli qog'ozlar bozorlariga oid ma'lumotlarni shaffoflik tizimi samaradorligini ko'tarish uchun quyidagilarni bajarish lozim:

1. Manfaatdor shaxslarga fond bozori haqidagi ma'lumotlarni etkazib berish kanallarini kengaytirish;

2. Aktsiyalar bozorida axborot-tahliliy tashkilotlarning faoliyatini diversifikatsiya qilish (muayyan bitimlarni ekspertizadan o'tkazish, konyukturani o'rganish va tahlil qilish, huquqiy konsultatsiyalar);

3.O'zbekistonda qimmatli qog'ozlar bozori holatini va iqtisodiyotning bir sohasi hisoblanuvchi investitsiya ob'ektlarini tavsiflovchi ixtisoslashtirilgan nashrlarni qo'llab-quvvatlash;

4. Bozorning barcha qatnashchilari faoliyatini yagona axborot berish tizimini yaratishga jalb etish.Aholining keng ommasini qimmatli qog'ozlar bozoriga jalb qilish borasida targ'ibot ishlarini ham kuchaytirish lozim.

Shu bilan birga axborot shaffofligi samaradorligini oshirish uchun asosan axborot kanallarini kengaytirish, axborot tahliliy tarmoqlar faoliyatini diversifikatsiya qilish, ixtisoslashda nashrlarni qo’llab-quvvatlash, yagona axborot tizimini yaratish lozim.

III. XULOSA

IV. Foydalanilgan adabiyotlar ro"yxati:

1. Prezident Islom Karimovning 2009 yilning asosiy yakunlari va 2010 yilda O'zbekistonni ijtimoiy-iqtisodiy rivojlantirishning eng muxim ustuvor yo'nalishlariga bog'ishlangan VM ning majlisidagi ma'ruzasi 29.01.2010
2. Бутиков И. Қимматли қоғозлар бозори. – Тошкент, 2001. – 14-бет.
3. Хикс Дж. Р. Стоимость и капитал. – М.: Прогресс, 1988. – 365 с.
4. Рынок ценных бумаг и его финансовые инструменты: Учебное пособие/Под ред. В.С. Торкановского-СПб. АО «Комплект», 1994.-421 с. Ценные бумаги: Учебник/Под ред. В.И. Колесникова, В.С. Торкановского.-2-е изд., перераб. и доп.-М.: Финансы и статистика, 2000.-448 с.: Миркин Я.М. Ценные бумаги и фондовый рынок.-М.: Перспектива, 1995; Рынок ценных бумаг. Учебник./Под ред. В.А.

Галанова, А.И. Басова -М.: Финансы и статистика, 2004.-448 с. Izoh: bu olimlar Karl Marks fikriga asoslanadilar. Ularning fikricha qimmatli qog'oz fiktiv kapital sifatida bu ishlab chiqarishda va qo'shimcha qiymatni hosil qilishda ishtirok etmaydigan kapital.

5. Тьюлз Р., Брэдли Э., Тьюлз Т. Фондовый рынок. – 6-е изд..: Пер. С англ. – М.:Инфра-М, 1997.- С.101

6. Рынок ценных бумаг: Учебник / Под ред. В.А.Галанова, А.И.Басова. – 2-е изд., перераб. и доп. – М.: Финансы и статистика, 2005. –С.191

7. Толипов К., Обидов А., Раззакова С. Қимматли қоғозлар бозори саволлар важавобларда. – Т.: Консаудитинформ-Нашр 2010.

8. Sh. Shoxa'zamiy. Qimmatli qog'ozlar. – Toshkent: "Iqtisodiyot-Moliya", 2010. – 5-bet.

9. Килячков А.А., Чалдаева Л.А. Рынок ценных бумаг и биржевое дело: Учеб.пособие. 2-еизд., с измен.-М.: Экономистъ, 2005.-687 с.

Internet saytlari:

1. https://en.wikipedia.org/wiki/United_States_Securities_and_Exchange_Commission

2. https://api.pageplace.de/preview/DT0400.9781316953112_A45557880/preview-9781316953112_A45557880.pdf

3. https://www.ice.com/insights/sustainable-bond-report-2024

4. https://www.oecd.org/en/publications/asia-capital-markets-report-2025_02172cdc-en/full-report/sustainable-bonds_21e9a353.html

5. https://www.ice.com/insights/sustainable-bond-report-2024

6. https://www.deutsche-boerse.com/dbg-en/about-us/regulation/regulation-sustainable-finance/csddd

7. uzse.uz- statistik ma’lumotlari

www.ingramcontent.com/pod-product-compliance
Lightning Source LLC
LaVergne TN
LVHW010729061126
851857LV00014B/1410
* 9 7 8 9 3 6 9 0 8 1 0 6 6 *